DAS

FREERIDE

ÜBERLEBENSHANDBUCH

**Better be ready
when the shit goes down**

Melanie Schönthier & Stephan Bernhard

THE YOUTHFUL MOVEMENT
KEVIN GURI
DAKINE.COM

DAKINE

F 2013 X 2014 W

15K SERIES

SYNCHRO JACKET TERRAIN PANT

Impressum

Einbandgestaltung: Hanna Tembrink

ISBN 978-3-00-043255-2

1. Auflage 2013

Konzeption: Stephan Bernhard
Texte: Melanie Schönthier und Stephan Bernhard
Schlussredaktion: Melanie Schönthier
Layout, Design & Illustrationen: Hanna Tembrink
Druck und Bindung: OrtmannTeam

1% der Einnahmen aus dem Verkauf des Buches gehen an Jeremy Jones' Organisation Protect our Winters, die gegen den Klimawandel kämpft: www.protectourwinters.org

POW
PROTECTOURWINTERS.ORG

TEAM

Stephan Bernhard war 50 Zentimeter groß, als er das erste Mal auf Ski stand und ließ seitdem die Berge nicht mehr aus den Augen – egal ob von München, Innsbruck, Grenoble oder dem jetzigen Wohnort des 41-jährigen Journalisten am Atlantik, wobei es nun die Pyrenäen statt der Alpen sind. Das bizarrste Bergerlebnis? Ein Freund, der bei einer Abfahrt vor seinen Augen verschwand. Allerdings nur kurz. Gefunden wurde er zwischen zwei meterhohen Schneewänden im Gras sitzend. Von oben war dieses „Fischmaul“, das wie ein Schützengraben im Schnee aussah, nicht zu erahnen – die perfekte Falle sozusagen.

Melanie Schönthier hatte ihr erstes Tiefschneeerlebnis im Alter von einem Jahr, als ihre Mutter bei einer Abfahrt stürzte und sie im hohen Bogen aus der Rückentrage flog. Statt zu weinen, meinte sie nur: „Nochmal!“ 13 Jahre später stieg sie aufs Snowboard um. Eine gute Entscheidung, findet die heute 32-Jährige, die nach dem Studium als Redakteurin für das Snowboardmagazin Onboard arbeitete. Der bisher beste Trip? British Columbia, wo sie zum ersten Mal auf Champagne Powder und Spines traf, die schwerer zu fahren sind, als sie aussehen. Ihr nächstes Reiseziel: Japan, das nicht so teuer ist wie alle denken (siehe Seite 132).

Hanna Tembrink bekam mit fünf ihre ersten Ski, aber als gebürtige Münsteranerin war nie mehr als eine Woche Winterurlaub drin. Bis zum Studium, denn die Semesterferien verbrachte sie als Skilehrerin und Kellnerin in den Alpen. Heute arbeitet die 31-Jährige als selbstständige Kommunikationsdesignerin in Hamburg. Freeride-Erfahrungen? Bisher nur eine: Es war später Nachmittag, keiner kannte sich in dem Gletschergebiet aus, und es kam wie es kommen musste. „Wir verirrten uns hoffnungslos und mussten bis ins Tal mehr als nur einen Abgrund überwinden. Mehr falsch machen konnte man wohl nicht“, weiß sie heute.

VORWORT

„MEINE MUTTER WAR'S“

von Stephan Bernhard

Ich stolperte nicht über den Satz, der mir eine schlaflose Nacht bescheren sollte. Ehrlich gesagt, fiel er mir nicht einmal auf. Erst Stunden später, kurz vor dem Einschlafen, traf mich die Frage mit voller Wucht: Wer hat mir eigentlich den Freeride-Virus vererbt? Denn nicht jeder ist zum Freerider geboren. Nur wem die richtigen Gene mitgegeben wurden, der findet in verschneiten Wäldern und steilen Rinnen seine Erfüllung. Eine Tatsache, auf die ich in einer Geschichte über den amerikanischen Psychologen Marvin Zuckerman gestoßen bin. Laut seiner Theorie braucht jeder Mensch andere Reize, um Glück zu spüren oder gestoked zu sein. Manchen reicht schon eine Partie Schach, um ihre Dopaminausschüttung anzukurbeln, andere brauchen den körperlichen Wettstreit mit einem Gegner beim Fußball oder Tennis, und die sogenannten Adrenalinjunkies suchen den Kick eines Basejumps oder Cliffdrops. Dabei faszinierte mich am meisten, dass schon am Tag der Geburt feststeht, ob der Blick in ein steiles Couloir deine Augen leuchten lässt oder der Gedanke an die letzte fehlende Briefmarke deiner Sammlung. Denn Zuckermann, der seine Erkenntnisse aus Tests mit Zwillingen gewonnen hat, die nach ihrer Geburt getrennt wurden, meint, dass deine Gene zu 65 Prozent bestimmen, was dich glücklich macht und demnach, ob du Freerider oder Schachspieler wirst.

Aber das Wissen, dass ich meinen Hang zu Tiefschnee meinen Eltern zu verdanken habe, brachte mich nicht weiter in der Frage, wer von beiden es wirklich war. Ich versuchte mir vorzustellen, wie mein Vater schon beim Wetterbericht nervös wird, weil von Nordstau die Rede ist oder meine Mutter über eine Wechte einem weiten Tiefschneefeld entgegenfliegt. Nein, irgendwie passten meine Eltern nicht ins Bild.

Wochen später hatte ich die Frage schon wieder verdrängt, als ich an einem heißen Sommertag plötzlich die Lösung fand. Ich weiß nicht mehr, wie meine Mutter auf das Thema kam, aber sie erzählte von diesem einen Winter in den Schweizer Alpen. Es war am Ende ihres Studiums, sie musste nur noch die Abschlussarbeit schreiben und hatte die Idee, das in Davos zu tun. Dort war ihre erste Handlung, alle Untersuchungen auf den Abend zu verlegen und dann einen Saisonpass zu kaufen. Sie ging beinahe jeden Tag auf die Piste, und ich konnte förmlich den Stoke in ihrer Stimme hören, als sie von Sonnenuntergängen auf dem Gipfel und unverspurten Tiefschneehängen sprach. Ja, meine Mutter war ein Ski Bum und ist der Grund, warum ich kein Problem habe, mich stundenlang durch knietiefen Schnee einen Bergkamm nach oben zu kämpfen, nur weil die Chance auf eine First Line besteht. Denn Freeriden ist eine Sucht. Aber lies selbst auf Seite 70, warum du dir ohne Tiefschnee wie ein Junkie ohne Stoff vorkommst und rate, wer dir das eingebrockt hat.

Viel Spaß mit einem Buch für alle, die nicht anders können, weil es in ihren Genen steckt.

INHALT

KAPITEL 1
ELEMENTARE GEGNER

KAPITEL 2
MENTALE HERAUSFORDERUNGEN

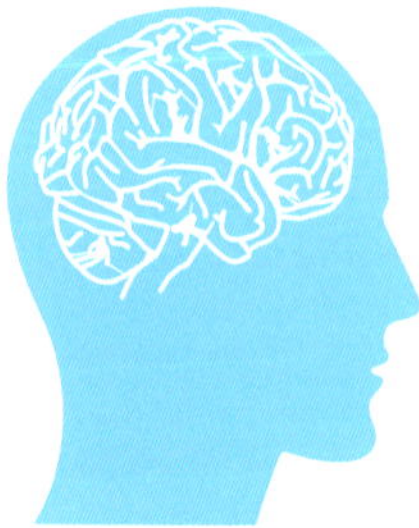

KAPITEL 3
PHYSIKALISCHE GRENZEN

KAPITEL 4
TECHNISCHE SCHWIERIGKEITEN

KAPITEL 5
FERNE ZIELE

ELEMENTARE GEGNER

Es war an einem Tag im Juni 2013 hoch oben in den Bergen über Saas-Fee, als sich die Elemente gegen zwei Freerider verschworen. Dabei hatte der Tag mit blauem Himmel und großen Plänen begonnen. Die beiden Freeride-Profis Xavier De Le Rue und Samuel Anthamatten waren für ein Videoprojekt zusammen unterwegs und stiegen an diesem Morgen zu einem extrem steilen Face auf, nachdem sie auf einer Berghütte übernachtet hatten. Endlich! Denn im Frühjahr 2013 spielte das Wetter verrückt: Teile Deutschlands waren nach massiven Niederschlägen überschwemmt, die Schneefallgrenze fiel auf 600 Meter, und aus Chamonix kamen noch Ende Mai ständig neue Powder-Fotos. Eigentlich paradiesische Zustände für Freerider, wenn sich der blaue Himmel nur öfter so gezeigt hätte, wie an dem Morgen über Saas-Fee für Xavier und Samuel.

Das erste Ziel auf ihrer Tour war an diesem Tag ein Sattel auf etwa 3900 Metern Höhe: Gelände so hochalpin wie einsam – weitab von den Spuren der Zivilisation. Ein Ort, an dem die Natur schnell zum übermächtigen Gegner werden kann, sei es in Form von Lawinen, Steinschlag oder auch nur einer Wolkenwand. Denn es ist kaum vorstellbar, wie verloren ein Mensch ist, wenn ihm die Sicht genommen wird, genau wie es den beiden Freeridern passierte. „Das Wetter schlug extrem schnell um", erinnert sich Xavier. „Kaum hatten wir realisiert, was passiert, standen wir auch schon im Nebel. Es war der perfekte Whiteout. Der Schnee am Boden und die Luft verschwammen um uns herum zu einer einzigen, undurchdringlichen weißen Wand."

IN DEN BERGEN SOLLTEST DU EBEN AUF ALLES VORBEREITET SEIN – SELBST DARAUF, DASS DU BLIND WIEDER NACH HAUSE FINDEN MUSST, WENN DIR DIE ELEMENTE DIE SICHT RAUBEN!

Eine Situation, in der die Möglichkeit, einfach umzudrehen, nicht mehr so leicht umzusetzen ist. Plötzlich fehlen jegliche Orientierungspunkte. Umgeben von konturlosem Weiß ist es unmöglich zu sagen, wohin man blickt oder in welche Richtung man geht. „Du kannst dem falschen Tal folgen und irgendwo im Nirgendwo landen, du kannst auf eine Wechte oder eine Felswand zulaufen oder – ganz schlecht – auf einem Gletscher in eine Spaltenzone geraten", meint Xavier: „Wenn du nicht genau weißt, was du tust, ist es sicherer, an Ort und Stelle abzuwarten anstatt planlos loszugehen."

Ein Biwak in einer Schneehöhle blieb den beiden dank Samuel aber erspart. Der Schweizer fährt nicht nur auf der Freeride World Tour mit, sondern ist auch ausgebildeter Mountain Guide und weiß, wie schnell die Natur von nett auf böse umschalten kann. Daher war er vorbereitet und wusste dank einer Karte genau, wo sich die beiden befanden. Außerdem konnte Samuel mit seinem Kompass auch im Whiteout den richtigen Weg einschlagen und über eine GPS-App auf seinem iPhone ständig ihre Position kontrollieren.

In den Bergen solltest du eben auf alles vorbereitet sein – selbst darauf, dass du blind wieder nach Hause finden musst, wenn dir die Elemente die Sicht rauben!

HAIABWEHR

mit Eva Walkner

SIE SIND DA UND LAUERN KNAPP UNTER DER WEISS GLITZERNDEN OBERFLÄCHE, AUCH WENN DU SIE NICHT SIEHST. **SIE FRESSEN KANTEN, BELAG UND REISSEN DICH IM BRUCHTEIL EINER SEKUNDE VON DEN BEINEN** – GENAU DANN, WENN DU ES AM WENIGSTEN ERWARTEST: SHARKS!

Es gibt wohl kaum einen Freerider, der nicht von Begegnungen mit scharfkantigen Felsbrocken berichten kann. Wobei ein Shark alleine noch das kleinere Übel ist, der verschafft dir nur den Crash des Tages oder schrottet dein Material. Böse wird es, wenn sie dich im Schwarm in die Zange nehmen, so wie es Freeski-Pro Eva Walkner erging. Eine Begegnung, die bei der Salzburgerin Spuren hinterließ. Obwohl sie auf der Freeride World Tour immer noch Faces wie den Bec des Rosses in Verbier bezwingt, der in manchen Jahren an eine vertikale Geröllwüste erinnert.

DER ANGRIFF:

Das war von ein paar Jahren in Davos und hätte echt schlimm ausgehen können. Der Shark war wirklich nicht zu erkennen und hat mich total überrascht. Ich bin hängengeblieben und wurde dabei so brutal abgebremst, dass ich über ein Felsband gestürzt bin. Fünf Rippen brachen, eine davon bohrte sich in meine Lunge, ließ sie kollabieren und ich wurde per Helikopter ins Krankenhaus geflogen.

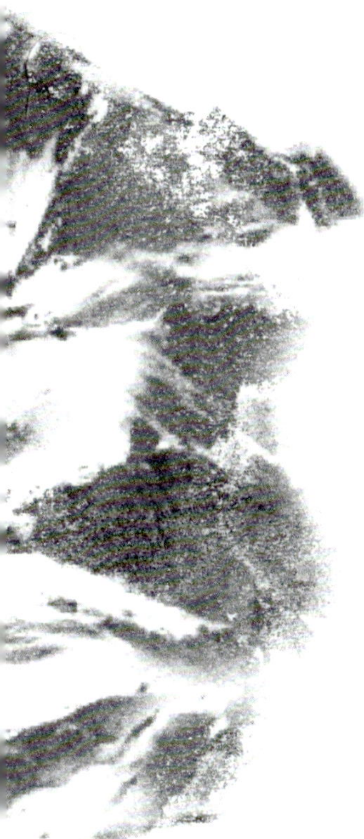

DIE FOLGEN:

Bis heute habe ich ein mentales Problem mit Sharks. Ich weiß, dass man nie zu 100 Prozent sicher sein kann, keinen Shark zu treffen. Ein gewisses Restrisiko muss man akzeptieren. Meist passiert auch nicht viel, man stürzt halt. Schlecht ist es allerdings auch, wenn man die ganze Zeit denkt: Hoffentlich treffe ich keinen Shark. Dann steht man total verkrampft auf dem Ski. So erging es mir nach dem Unfall, wenn ich wusste, dass es total sharky ist. Deshalb gehe ich heute nicht fahren, solange es noch keine richtige Unterlage hat.

DIE JAGDSAISON:

Gerade im Herbst, wenn alle total heiß auf den ersten Schnee sind und am Gletscher sofort Vollgas geben wollen, ist in Sachen Sharks die gefährlichste Zeit. Im November und teils im Dezember ist einfach noch keinerlei Unterlage da. Selbst wenn es einen Meter schneit, kommt man immer noch die ganze Zeit auf die Felsen durch. Viele sind da völlig kompromisslos und sagen sich: Ich werde schon keinen Shark erwischen. Oft geht das gut, aber manchmal eben nicht. Ich fange da noch gar nicht richtig an zu riden, sondern warte, bis die Basis passt. Dann weiß ich, dass ich Vollgas geben kann, denn mit jedem weiteren Schneefall wird die Unterlage besser und das Risiko, auf Sharks zu treffen, geringer.

DIE ABWEHRTECHNIK:

Wenn man ein bisschen aufpasst, kann man erkennen, wo Sharks lauern. Ein leichte Wölbung im Neuschnee ist ganz typisch. Mit der Zeit bekommt man auch mehr Erfahrung und kann die Strukturen immer besser lesen. Wenn ich weiß, dass es noch etwas sharky ist, versuche ich außerdem, abgeblasene Schultern zu vermeiden und stattdessen eher in Rinnen zu fahren, da liegt der meiste Schnee. Und ich gebe nicht Vollgas, sondern cruise eher.

DU KANNST DIR NIE ZU 100 PROZENT SICHER SEIN, KEINEN SHARK ZU TREFFEN

SCHICKSALSFRAGE

FATALISTEN GLAUBEN AN **MURPHY'S LAW** UND WISSEN, DASS ALLES, WAS SCHIEFGEHEN KANN, AUCH SCHIEFGEHEN WIRD. IDEALISTEN DENKEN, DASS SIE IHR SCHICKSAL SELBST IN DER HAND HABEN. DOCH WER HAT RECHT?

DER FALL:

Die Line, die sich Freeskier Callum Pettit im Februar 2009 herausgesucht hatte, war mit potentiellen Fallen nur so gespickt. Zuerst ein Labyrinth aus Felsen, dann ein 15-Meter-Cliff, von dem er punktgenau abspringen musste, um die Landung in einer kaum vier Meter breiten Rinne zu treffen. Im Auslauf lauerte dann noch ein Loch in der Schneedecke von der Größe eines Kanaldeckels – der Überrest einer ansonsten zugeschneiten Spalte im Eis. Zweifel kamen Callum aber keineswegs. Also zog der damals erst 19-jährige Kanadier nur zwei weite Turns zwischen den Felsen, hielt mit vollem Tempo auf das Cliff zu und traf den Absprung auch punktgenau, leider aber im falschen Winkel. Die Filmcrew sah sofort, dass es schiefgehen würde. Je weiter Callum flog, desto näher kam er dem Rand der schmalen Schneezunge zwischen den blanken Felsen. Dann setzten seine Ski auf, genau an der Grenze zwischen Schnee und Stein. Einen Sekundenbruchteil sah es so aus, als könnte Callum den Sprung trotz des harten Aufpralls stehen. Doch dann bekam er auch schon Vorlage und flog Kopf voraus seinem unausweichlichen Schicksal entgegen. „Zuerst dachte ich, dass Callum an diesem seltsamen Eisspalten-Loch vorbeistürzen würde", erinnert sich ein Filmer der Videocrew. „Doch wie er Überschlag an Überschlag reihte, machte er plötzlich eine leichte Kurve. So wie ein Golfball, der auf dem Putting Green in einem Bogen direkt ins Loch gespielt wird. Und dann war er weg!"
Als die Filmcrew das Loch erreicht, sehen sie Callum fünf Meter unter sich. Er war durch eine enge Eisröhre gerutscht und in eine darunterliegende Höhle im Gletschereis gefallen. Allerdings nicht tief, denn lockerer Schnee hatte sich unter dem Loch zu einer Pyramide aufgetürmt, auf der Callum nun stand. Hat Callum nur Pech gehabt? Oder war nach Murphy's Law von vornherein klar, was passieren würde? Wir rechnen nach!

DIE FORMEL:

Vor zehn Jahren machten Wissenschaftler des englischen Energieunternehmens British Gas Murphy's Law berechenbar. Also die Wahrscheinlichkeit, dass ein Vorhaben – sei es die Mondlandung, ein Vorstellungsgespräch oder eine Freeride-Line – schiefgeht. Die mathematische Formel dazu lautet:

((U+C+I) x (10-S))/20 x 0,7 x 1/(1-sin(F/10))

Die Variablen: Als erster Schritt muss für fünf Variablen jeweils ein Wert zwischen eins und neun eingesetzt werden:

U = Urgency. Wie dringend ist eine Aktion oder unter wie großem Druck steht eine Person? Niemand hat Callum zu der Line gezwungen, aber es war seine erste Saison mit einer großen Filmcrew. Also bestand sicher ein gewisser Druck. Wert: 7.

C = Complexity. Das ist die Einschätzung, wie komplex und kompliziert ein Vorhaben ist. Die Line war technisch und erlaubte keine Fehler. Wert: 8.

I = Importance. Wie wichtig ist es, ob ein Projekt zum Erfolg oder Misserfolg wird? Es ging nicht um Leben und Tod, aber ein Verletzungsrisiko war eindeutig gegeben. Wert: 8.

S = Skill. Die Bewertung der Fähigkeiten der ausführenden Person. Callum kann Skifahren, aber 2009 war er noch jung und für diese Line vielleicht noch nicht bereit. Wert: 5.

F = Frequency. Gibt an, wie häufig eine Aktion ausgeführt wird. Die Line wird nur einmal gefahren. Wert: 1.

Die Rechnung: ((7+8+8) x (10-5))/20 x 0,7 x 1/(1-sin(1/10))

1. Zuerst die beiden Klammern am Anfang ausrechnen, miteinander multiplizieren und durch 20 teilen.
5,75 x 0,7 x 1/(1-sin(1/10))
2. Die Klammer am Ende ausrechnen, per Taschenrechner den Sinus-Wert davon berechnen und das Ergebnis von 1 abziehen.
4,6 x 0,7 x 1/0,9
3. Zuerst die Division am Ende auflösen und dann alle drei Werte miteinander multiplizieren.

DAS ERGEBNIS:

Je näher das Ergebnis bei 10 liegt, desto wahrscheinlicher ist das Eintreten von Murphy's Law. Für Callums Line ergibt sich ein Ergebnis von 4.47. Seine Chancen standen also nicht schlecht, und der Sturz scheint Pech gewesen zu sein. Zum Vergleich: Hätte sich ein Freeride-Neuling mit einem Skill-Wert von 1 an der Line versucht, würde das Ergebnis bei einem Wert knapp über 8 liegen.

FALLENKATALOG

JEDER BERG IST ANDERS UND MANCHE SIND VOLLER TÜCKEN

Teils sind es Hänge von nur 100 Metern Länge, die dir im Falle eines Schneebretts kaum eine Chance geben, mit heiler Haut davonzukommen. „Viele übersehen vor allem die Gefahren eines schlechten Auslaufs“, sagt einer der wohl erfahrensten Freerider Österreichs, Flo Orley. „Deshalb immer kurz überlegen, was passiert, wenn eine Wechte bricht, wenn eine Lawine abgeht oder wenn ich stürze – wo spült es mich dann hin?“ Zum Glück sind die gemeinsten Fallen leicht zu erkennen:

CLIFFS WERDEN ZU ABSTURZSTELLEN:

Felsbänder sind offensichtlich und im Kopf beim Planen deiner Line auch leicht zu umgehen. Doch was ist, wenn du oberhalb eines Cliffs plötzlich nicht mehr Herr der Lage bist? Es muss nicht einmal ein Schneebrett sein, das dich mitreißt. Vielleicht reicht im steilen Gelände auch schon ein wenig Sluff oder ein Sturz, damit du nur noch auf dein Glück vertrauen kannst. Denn wirst du über ein Cliff gespült, bist du der Schwerkraft hilflos ausgeliefert.

MULDEN WERDEN METERTIEF ZUGESCHÜTTET:

Stell dir ein kleines Schneebrett vor: vielleicht zehn Meter breit, zehn Meter lang und mit einer Anrisshöhe von nur 20 Zentimetern. Ist der Auslauf ein weiter, offener Hang, verteilt sich der Rutsch als dünne Schneeschicht über eine große Fläche und richtet kaum Schaden an. Endet die Rutschbahn des Schneebretts aber in einer Mulde oder wird gar von einem Gegenhang aufgestaut, türmen sich dort wahre Schneemassen auf. In solchen Geländefallen sind Verschüttungstiefen von drei Metern und mehr keine Seltenheit.

RINNEN WERDEN ZU REISSENDEN KANÄLEN:

Gerät Schnee ins Rutschen, verhält er sich wie Wasser – fließt also genau in der Falllinie bergab. Mündet ein breiter Hang in ein enges Tal oder eine schmale Rinne, wird ein Schneebrett – und jeder, der darin mitgerissen wird – wie durch einen Trichter genau in dieses Nadelöhr geleitet. Dort wächst dann selbst ein vorher noch recht flacher Rutsch zu einer zerstörerischen Schneewalze an.

SLUFF-STORIES

SLUFF IST HINTERHÄLTIG: ZUERST ZEIGT ER SICH NICHT, SCHLEICHT SICH DANN VON HINTEN AN UND REISST DICH SCHLIESSLICH SCHNELLER UM, ALS DU ES DIR JEMALS HÄTTEST VORSTELLEN KÖNNEN. ALSO **LERNE BESSER DEINEN GEGNER KENNEN**, BEVOR ES ZU SPÄT IST!

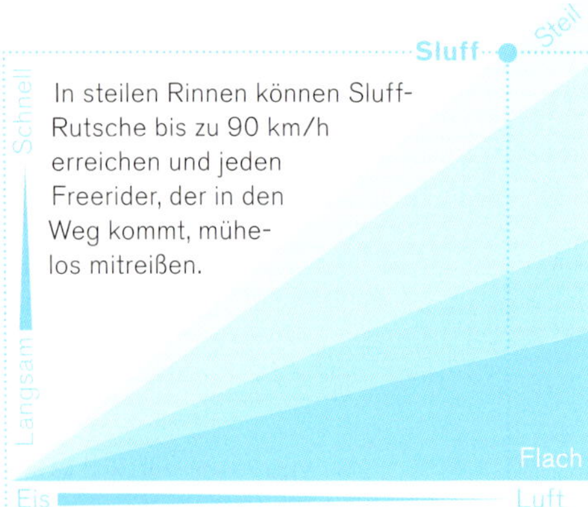

In steilen Rinnen können Sluff-Rutsche bis zu 90 km/h erreichen und jeden Freerider, der in den Weg kommt, mühelos mitreißen.

In Faces ab 40 Grad ist beinahe garantiert, dass deine Turns Sluff-Rutsche auslösen.

Sluff besteht nur zu fünf bis 15 Prozent aus Schnee, der Rest ist Luft. Der Grund, warum in der Auslaufzone eines Sluff-Rutsches nur wenige Zentimeter Schnee zusammenkommen und praktisch keine Verschüttungsgefahr besteht.

Jeremy Jones **– Freerider mit Legendenstatus, der für neue Filmprojekte aufwändige Backcountry-Expeditionen unternimmt und mit seiner Organisation Protect our Winters gegen den Klimawandel antritt:** „Ich habe schon oft gesehen, dass ein Rider ein paar große Turns macht und mit so viel Tempo unterwegs ist, dass er vor dem Sluff bleibt. Dann kommen ein paar Felsen, er bremst ab, der Sluff holt ihn ein und spült ihn über die Felsen. Ein dummer Fehler. Ich bremse bei einer langen Line nie direkt in der Falllinie ab, sondern arbeite mich auf einem Face mit jedem Turn ein Stück nach links oder rechts. So rutscht der Sluff immer neben mir ab und erwischt mich nie von oben."

Flo Orley – **Freeride World Tour-Rider der ersten Stunde mit über 20 Jahren Erfahrung auf dem Board, der heute sein Wissen auch in Freeride-Camps weitergibt:** „Meine bisher ungewöhnlichste Sluff-Begegnung hatte ich vor knapp zehn Jahren in klassischem Alaska-Gelände: steile 500 Höhenmeter voller Rinnen und Spines. Ich fuhr die erste Line und hielt mich dabei auf einer Spine. Es war klar, dass der Sluff in den trichterförmigen Rinnen enorm viel Tempo aufnehmen und jeden Rider wegblasen würde. In dem flachen Auslauf unter dem Face hielt ich dann nach 100 oder 150 Metern an, drehte mich um, sah meinen Kumpel Mitch Tölderer seine ersten Turns auf der nächsten Spine ziehen und nur Sekunden später etwas viel Bedrohlicheres. Der von Mitch ausgelöste Sluff wuchs zu einer haushohen Schneewolke an, die rasend schnell auf mich zukam. Ich hatte noch Zeit zu denken, dass meine letzte Stunde geschlagen hat und schon wurde ich von der Wucht dieser weißen Wand regelrecht umgeblasen. Einen Moment später lag ich am Boden, Schnee in der Nase, dem Mund, den Ohren und eigentlich vollkommen weiß – bedeckt von einer hauchdünnen Schicht Pulverschnee. Zum Glück hat Sluff eben nicht genug Substanz, dich zu begraben."

Xavier De Le Rue – **Französischer Freeride Pro, der mit seinen extremen Lines in Videos oder bei Contests für ungläubiges Staunen sorgt:** „Sluff ist immer für eine Überraschung gut. Manchmal machst du nur einen Turn und der Sluff ergießt sich wie ein Fluss ins Tal, und manchmal gibt es praktisch keinen Sluff. Das hängt von vielen Faktoren wie Wind, Temperatur, der Veränderung der Schneekristalle, dem Zeitraum seit dem letzten Schneefall und auch dem Ort ab, an dem du dich befindest. In Alaska, also nah an der Küste, musst du direkt nach dem Schneefall mit einer Menge Sluff rechnen. Aber dort ist die Luftfeuchtigkeit so hoch, dass der Schnee schnell kompakter wird, die einzelnen Kristalle regelrecht zusammenkleben und nach wenigen Tagen kaum mehr Sluff abrutscht. Wenn in den Alpen auf Schneefall ein paar Tage mit blauem Himmel und eiskalten Temperaturen folgen, verwandeln sich die Kristalle in praktisch bindungslosen Schwimmschnee. Ein Gefühl, als würdest du durch Zucker fahren. Weil du Sluff nie genau vorhersagen kannst, musst du vor schwierigen Lines zuerst ein Gefühl für den Schnee bekommen. Entweder indem du deinen Run nach oben steigst oder dir als Warm-Up ein leichtes Face aussuchst."

FEHLERLISTE

FEHLENTSCHEIDUNGEN FÜHREN ZU LAWINENABGÄNGEN UND **FALSCHE REAKTIONEN** ZU FATALEN FOLGEN. DABEI WÄREN MANCHE FEHLERQUELLEN LEICHT ZU VERMEIDEN.

LAWINENLAGEBERICHT IGNORIEREN:

Wer den täglichen Lawinenlagebericht nicht liest, verzichtet auf eines der einfachsten und zugleich wichtigsten Hilfsmittel, um im Backcountry die Lawinengefahr einzuschätzen. Dabei reicht ein Blick aus, um zu wissen, welche Gefahrenstufe herrscht. Ein unschätzbarer Vorteil, um sich für oder gegen eine Line zu entscheiden. Denn mit jeder Gefahrenstufe steigt die Wahrscheinlichkeit einer Lawinenauslösung. Nach einer Analyse des Schweizer Instituts für Schnee- und Lawinenforschung ist das Risiko für einen Freerider, in eine Lawine zu geraten, schon bei der zweiten Lawinenwarnstufe fünfmal höher als bei Stufe 1. Bei Gefahrenstufe 3 ist ein Lawinenunfall 20-mal wahrscheinlicher und das Risiko bei Stufe 4 40-mal größer als bei Stufe 1.

AUSRÜSTUNG VERNACHLÄSSIGEN:

Es kommt jeden Winter vor und ist absolut nicht nachvollziehbar: Ein Skifahrer oder Snowboarder kommt bei einem Lawinenunfall um und die Bergretter stellen später fest, dass das Opfer einen ausgeschalteten Lawinenpiepser im Rucksack hatte. Natürlich garantiert die Notfallausrüstung nicht, gerettet zu werden. Aber Piepser, Schaufel und Sonde sind die einzige Chance, rechtzeitig unter dem Schnee gefunden zu werden oder einen Freund auszugraben, wenn wirklich eintritt, was sich niemand vorstellen will.

ⓧ SPUREN VERTRAUEN:

Wer denkt, dass ein Hang sicher ist, nur weil es schon eine Handvoll Spuren darin gibt, liegt falsch. Denn nur die Hälfte aller Hänge, in denen es zu Lawinenabgängen kommt, ist völlig unberührt. In allen anderen waren schon Spuren vom Unfalltag selbst oder den Tagen zuvor.

ⓧ UNKOORDINIERT RETTEN:

Langjährige Daten aus der Schweiz zeigen, dass 85 Prozent aller Verschütteten überleben, wenn sie durch sichtbare Teile an der Schneeoberfläche geortet werden. Wenn dagegen LVS-Suche nötig ist, um einen Verschütteten zu lokalisieren, überleben nur 51 Prozent. Muss gar die Bergwacht die Suche übernehmen, liegt die Überlebenswahrscheinlichkeit bei 18 Prozent. Grund ist die Bergungsdauer. Ragt ein Handschuh oder Rucksack aus dem Schnee, dauert es durchschnittlich nur zehn Minuten, den Verschütteten auszugraben, mit Piepser und Sonde schon 20 Minuten und bis die Bergrettung eintrifft und ein Opfer findet, meist weit über eine Stunde. Einen Verschütteten zu retten ist eben ein Kampf gegen die Zeit, bei dem jede Minute zählt. Daher sollte jeder Freerider die Rettungskette nach einem Lawinenabgang wie im Schlaf beherrschen: Erfassungs- und Verschwindepunkt beobachten, Notruf absetzen (europaweite Rufnummer für die Bergrettung: 140), alle LVS-Geräte auf Suchen schalten, LVS-Suche, Sondieren, Ausschaufeln. Fähigkeiten, die sich nur durch ständiges Training so verinnerlichen lassen, dass man sie im Notfall auch wirklich abrufen kann (siehe Seite 64).

ⓧ UHRZEIT VERGESSEN:

Die Schneedecke gleicht einem lebendigen Organismus, der sich von Tag zu Tag oder auch von Stunde zu Stunde verändert und dabei empfindlich auf Temperaturschwankungen oder Sonneneinstrahlung reagiert. Ein Beispiel: Kurz bevor der Freeski-Contest Swatch Skiers-Cup 2013 begann, brachte eine Front intensiven Schneefall. Die Messstationen gaben Werte von über einem Meter Neuschnee an, und auf dem Kamm oberhalb des Contest-Faces versanken die Skifahrer am Wettkampftag bis zur Hüfte im Pulver. Es wurden Wechten abgetreten und Sprengladungen gezündet ohne größere Schneebretter auszulösen, und so begann die Show. Den ganzen Vormittag über zogen die Freerider ihre Lines in dem Face, bis es kurz nach 12 Uhr zu ersten Veränderungen kam. Plötzlich begannen sich kleine Schneebretter zu lösen, denen die Profis aber allesamt noch ausweichen oder entkommen konnten. Trotzdem schien die Gefahr ständig größer zu werden, da es zu immer großflächigeren Anrissen kam und so wurde der Contest um 14.30 Uhr abgebrochen. Die Sonneneinstrahlung hatte der Schneedecke einfach zu sehr zugesetzt und sie instabil werden lassen. Wohlgemerkt war das Anfang Februar, folglich zu einer Zeit, in der die Sonneneinstrahlung noch recht schwach ist. Also nicht darauf vertrauen, dass ein Face um 14 Uhr noch genauso sicher zu fahren ist wie um 9 Uhr morgens.

LAWINENVERMEIDUNGS-STRATEGIE TEIL 1

mit Jeremy Jones

WIE LIEST EIN PROFI DEN **LAWINENLAGEBERICHT**?

„Nur ein alter Freerider, ist ein guter Freerider" – Snowboardlegende Jeremy Jones, 38, versucht sich daran zu halten und sagt: „Freeriden zu gehen ohne zu wissen, welche Gefahrenstufe herrscht, ist schlicht eine große Dummheit. Denn der tägliche Lawinenlagebericht ist das wichtigste Werkzeug, um im Backcountry die Lawinengefahr einzuschätzen." Hier erklärt Jeremy, wie er den Lawinenlagebericht liest – er bezieht sich zwar auf die nordamerikanische Lawinengefahrenskala, diese entspricht aber der europäischen bis auf wenige kleine Details.

GEFAHRENSTUFE 1: **LOW / GERING**

Im Frühjahr muss man am Nachmittag vielleicht auf Nassschneerutsche achten. Ansonsten fahre ich an so einem Tag sogar Lines oberhalb von Geländefallen (siehe Seite 18) und habe eher Angst, auf einer Eisplatte den Halt zu verlieren, als in eine Lawine zu geraten.

GEFAHRENSTUFE 2: **MODERATE / MÄSSIG**

Meiner Meinung nach die heimtückischste aller Gefahrenstufen, vor allem wenn im Lawinenlagebericht von einer tiefliegenden Schwachschicht in der Schneedecke die Rede ist. Das ist eine Lawinenlage, die schon einigen der besten Freerider zum Verhängnis wurde, Craig Kelly zum Beispiel. Denn Stufe 2 heißt zwar, dass es relativ unwahrscheinlich ist, eine Lawine auszulösen. Passiert das aber doch und liegt die Schwachschicht einen Meter tief, kann schon ein kleines Schneebrett von der Größe eines halben Volleyballfeldes leicht tödliche Folgen haben. Gibt es so eine tiefe Schwachschicht, verhalte ich mich bei Stufe 2 so, als würde Gefahrenstufe 3 gelten. Gibt es keine Schwachschicht oder liegt sie so flach unter der Oberfläche, dass eine Lawine keine massiven Ausmaße annehmen würde, rechne ich in steilen Hängen über 45 Grad und bei jedem konvexen Roll-Over mit Schneebrettern.

GEFAHRENSTUFE 3: **CONSIDERABLE / ERHEBLICH**

Ich bewege mich nur noch äußerst vorsichtig im Backcountry. Aufstiege müssen genau geplant werden und in sicherem Gelände erfolgen. Bei den Abfahrten vermeide ich weitläufige Faces und suche Lines mit vielen ‚Islands of Safety' (siehe Seite 28). In allen Hängen über 35 Grad rechne ich grundsätzlich damit, Lawinen auszulösen. Falls es eine tiefe Schwachschicht gibt, verhalte ich mich so, als würde Gefahrenstufe 4 gelten.

GEFAHRENSTUFE 4: **HIGH / GROSS**

Eigentlich bin ich nicht mehr außerhalb der Skigebiete unterwegs. Ich würde abseits noch Touren in flachem Gelände bis maximal 30 Grad unternehmen, wenn es kein Lawinengelände über mir gibt. Aber solche Runs erinnern eher an Langlaufen als Snowboarden, deshalb ziehe ich dann die Pisten eines Skigebiets vor.

GEFAHRENSTUFE 5: **EXTREME / SEHR GROSS**

Ein Tag zu Hause vor dem Kamin.

EUROPÄISCHE LAWINENGEFAHRENSKALA

		Allgemeine Situation	**Lawinenopfer je Gefahrenstufe***
1		Eine Lawinenauslösung ist nur bei großer Zusatzbelastung an sehr wenigen, extremen Steilhängen möglich. Spontan sind keine Lawinen zu erwarten.	5 %
2		Eine Lawinenauslösung ist bei großer Zusatzbelastung vor allem an den im Lawinenlagebericht angegebenen Steilhängen wahrscheinlich. Die Schneedecke ist gut verfestigt, außer an einigen Steilhängen.	29%
3		Eine Lawinenauslösung ist bereits bei geringer Zusatzbelastung an den im Lawinenlagebericht angegebenen Steilhängen wahrscheinlich. Es sind spontan einige mittlere, vereinzelt aber auch große Lawinen möglich. Die Schneedecke ist an vielen Steilhängen nur mäßig bis schwach verfestigt. Angegebene Steilhänge und Hangexpositionen meiden.	54%
4		Eine Lawinenauslösung ist bereits bei geringer Zusatzbelastung an den angegebenen Steilhängen wahrscheinlich. Es sind spontan viele mittlere, mehrfach auch große Lawinen möglich. An vielen Steilhängen ist die Schneedecke nur schwach gefestigt. Bei der Routenwahl auf mäßig steiles Gelände (bis 30 Grad) beschränken sowie Lawinenauslaufgebiete beachten.	11 %
5		Spontan sind zahlreiche große Lawinen, auch in mäßig steilem Gelände, zu erwarten. Die Schneedecke ist allgemein schwach verfestigt und instabil.	1%

*(in der Schweiz von 1987 bis 2010, Quelle: SLF)

LAWINENVERMEIDUNGS-STRATEGIE TEIL 2

mit Jeremy Jones

WER WEISS, WIE **LAWINENGEFAHR** AUSSIEHT, KANN SIE NICHT ÜBERSEHEN

„The mountains speak and wise men listen“ ist mehr als nur ein Leitspruch für Jeremy Jones. Tatsächlich verbringt der Freeride-Profi keinen Tag auf dem Board, ohne die Zeichen der Berge mit allen Sinnen zu erfassen. Lawinengefahr kündigt sich für ihn durch fünf „rote Flaggen“ an:

1

FRISCHE LAWINENAKTIVITÄT:

Du musst kein Nobelpreisträger sein, um zu verstehen, dass frische Lawinenabgänge auf eine instabile Schneedecke hinweisen. Wer sich die Rutsche genauer ansieht, kann daraus viele Informationen gewinnen: Sind es Nassschneelawinen oder Schneebretter? Ist es überall zu Abgängen gekommen oder nur auf Hängen einer bestimmten Ausrichtung (Nord, Süd, West, Ost)? In welcher Höhe liegen die Rutsche – ober- oder unterhalb der Waldgrenze?

2

TEMPERATURANSTIEG:

Bei raschen Temperaturanstiegen wie sie im Frühjahr üblich sind, ist große Vorsicht angebracht. Vor allem wenn die Temperaturen deutlich über null Grad steigen. Dann wird der Schnee nass, schwer und beginnt langsam talwärts zu gleiten. Eine Situation, in der jederzeit Nassschneelawinen abgehen können. In stark sonnenbeschienenen Hängen kann das auch schon bei Temperaturen unter Null passieren. Anzeichen für eine tauende Schneeoberfläche sind kleine Schneerutsche mit punktförmigen Anrissen unterhalb von Felsen oder Schneebälle aller Größen, die talwärts rollen. Warnzeichen, die nicht zu unterschätzen sind. An einem Frühjahrstag im Yellowstone National Park beendeten wir am frühen Nachmittag nach ein paar Lines unsere Splitboard-Session, weil der Schnee zu schwer und langsam wurde. Auf dem Weg aus dem Park sahen wir einige kleine Nassschneerutsche, nichts Ungewöhnliches im Frühjahr. Am nächsten Morgen dann die Überraschung: Eine riesige Nassschnee-Grundlawine hatte die Zufahrtsstraße meterhoch verschüttet, etwa 30 Minuten nach uns.

VIEL NEUSCHNEE:

Frischer Neuschnee hatte noch keine Zeit sich zu verfestigen oder mit dem Altschnee zu verbinden. Daher ist die Schneedecke in den ersten 24 Stunden nach starkem Schneefall tendenziell oft noch instabil. Je größer die Schneemengen und je kürzer die Zeit, in der sie gefallen ist, desto mehr Vorsicht ist geboten. Viele Lawinenunfälle passieren auch genau am ersten Tag nach dem Schneefall, wenn alle unverspurte Lines suchen.

RISSE ODER SETZUNGSGERÄUSCHE:

Wenn sich auf einmal feine Risse blitzartig im Schnee auftun, solltest du die Finger von dem Hang lassen. Die Risse beweisen, dass die Schneedecke extrem instabil ist und es schon erste Brüche zwischen den Schneeschichten gibt. Meist passiert das, wenn Schnee durch Wind verfrachtet und so abgelagert wurde, dass große Flächen unter Spannung stehen. Genauso gefährlich ist deine Position, wenn du beim Hiken dumpfe „Wumm-Geräusche“ wahrnimmst. Grund ist eine Schwachschicht in der Schneedecke, die unter deinem Gewicht kollabiert. Auch dann gilt: Rückzug antreten und dabei jedes Steilstück meiden!

WIND:

Während oder kurz nach einem Sturm bin ich dem Schnee gegenüber immer extrem misstrauisch. Wenn starker Wind den Schnee verfrachtet, lagern sich in windgeschützen Bereichen fragile Triebschneepakete ab, die extrem leicht als Schneebrett ausgelöst werden können. Vor allem, wenn zum Wind noch Schneefall kommt, erreichen diese Schneepakete schnell enorme Ausmaße. Eine Beispielrechnung: Der Schneefall hält acht Stunden an und bringt etwa zwei bis drei Zentimeter Neuschnee pro Stunde. Insgesamt kämen so etwa 20 Zentimeter zusammen. Wenn zum Schneefall aber Wind mit etwa 50 km/h kommt, wirst du 40 bis 80 Zentimeter mächtige Triebschneepakete finden.

Wenn du eine rote Flagge siehst, heißt das nicht gleich, dass du nach Hause gehen musst. Aber du solltest deine Lines nochmal überdenken und dir das Risiko bewusst machen. Ride to live another day!

RETTUNGSINSELN

mit Jeremy Jones

JEDER BERG IST ANDERS UND MANCHE SIND VOLLER **NOTAUSGÄNGE**

Für seine Videoprojekte ist Jeremy Jones oft wochenlang im Backcountry unterwegs. Denn der amerikanische Snowboard-Pro überlässt nichts dem Zufall und studiert Schneedecke sowie Gelände bis ins kleinste Detail, bevor er zum Drop-In bereit ist. Eines seiner Grundprinzipien lautet dabei: „Hab immer einen Notausgang im Kopf, falls du dich plötzlich zur falschen Zeit am falschen Ort befindest."

SCHLECHT:

Stell dir ein großes Face vor, 100 Meter breit oder mehr, und du droppst genau in der Mitte in diesen Hang. Wenn dann ein Schneebrett losbricht, bist du hilflos ausgeliefert. Wohin sollst du auch fliehen, wenn es weit und breit keine „Island of Safety" gibt? Der Grund, warum ich solche offenen Hänge nicht mag und konsequent meide, falls ich die Schneedecke nicht als „bombensicher" einschätze.

GUT:

Ich mag Bergflanken, durch die sich mehrere Kämme und Grate ziehen und den Hang so in einzelne Rinnen und kleinere Faces von vielleicht 20 Metern Breite untergliedern. Denn „Islands of Safety", also Plätze, auf die du dich retten kannst, wenn du ein Schneebrett auslöst, sind genau diese Kämme in einem Face. Du musst dir nur sicher sein, dass die Schneedecke dort nicht abrutschen wird. Normalerweise droppe ich mit viel Tempo in meine Line und setze den ersten Turn so, dass die Nose meines Boards genau auf meine erste „Island of Safety" zeigt. Wenn sich der Run, der Schnee und alles gut anfühlt, fahre ich weiter meine Line. Passiert irgendetwas Unvorhergesehenes, löst sich extrem viel Sluff oder tatsächlich ein Schneebrett, sollte ich genug Schwung haben, meine Rettungsinsel zu erreichen und ziehe die Reißleine. Außerdem habe ich noch einige weitere „Islands of Safety" im Kopf, um jederzeit abbrechen zu können. So reiht sich auf dem Weg nach unten quasi ein Notausgang an den anderen.

HEIMTÜCKISCH:

Das Problem ist, dass du dir manchmal nicht sicher sein kannst, deine „Islands of Safety" auch wirklich zu erreichen. Den Unterschied macht dabei der Aufbau der Schneedecke oder genauer: die Lage der Schwachschicht. Liegt diese nur etwa 30 Zentimeter tief, wirst du bei einem Schneebrett mit dieser Anrisshöhe die Chance haben, deine nächste Rettungsinsel zu erreichen. Liegt die auslösende Schwachschicht aber einen Meter tief, sieht das ganz anders aus. Dann sackst du zwischen großen, harten Schneeschollen einfach weg und wirst mitgerissen. Die beste Quelle, um zu erfahren, welche Art von Lawinen drohen, ist der Lawinenlagebericht. Falls dort von alten Schwachschichten in der Schneedecke die Rede ist, gebe ich meine Freeride-Pläne häufig einfach auf und warte auf bessere Tage.

EMPFEHLENSWERT:

Ich stelle mir vor jeder Line die Frage: „Was tue ich, wenn eine Lawine abgeht?" Lautet die Antwort: „Ich kann nichts tun und sterbe", ist es wohl besser, eine andere Abfahrt zu suchen. Ein wichtiger Punkt dabei ist für mich auch immer der Auslauf. Endet die Line über einem Cliff, über das ich in die Tiefe geschleudert werde, oder einer anderen Geländefalle, in der sich der Schnee meterhoch auftürmt, brauche ich einen verdammt guten Schutzengel, um den nächsten Tag noch zu erleben. Endet meine Line aber auf einem weitläufigen Hang, der langsam flacher wird, kann sich das abrutschende Schneebrett über eine große Fläche verteilen und meine Chancen stehen viel besser, mit dem Schrecken davonzukommen. Das heißt aber nicht, dass du dich bei großer Lawinengefahr sorgenfrei in einen Hang mit gutem Auslauf stürzen kannst. Es heißt nur, dass deine Chancen zu überleben höher sind. Deshalb wage ich mich an schwierige Lines mit No-Fall-Zones und Absturzgelände auch nur, wenn ich der Schneedecke blind vertraue.

LAWINENANATOMIE

DAS **DURCHSCHNITTLICHE SCHNEEBRETT** STATISTISCH ZERLEGT

DER TAG:

Die Sonne zeigt sich nach einer Schlechtwetterperiode zum ersten Mal wieder, und alle Vorzeichen für einen aktiven Lawinentag sind erfüllt. Denn 63 Prozent aller Lawinenunfälle passieren, wenn in den Tagen zuvor über 20 Zentimeter Neuschnee bei starkem Wind gefallen sind. Außerdem herrscht Lawinengefahrenstufe 3, bei der grundsätzlich die meisten Lawinenopfer (54 Prozent) zu beklagen sind.

54%
der Lawinenopfer sind bei Lawinengefahrenstufe 3 zu beklagen

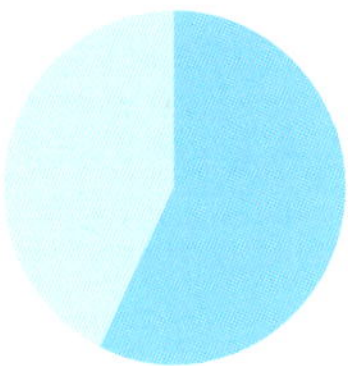

DER HANG:

80 Prozent aller Lawinen werden in felsdurchsetztem und kammnahem Gelände ausgelöst. Dabei liegt die Hangneigung bei der Hälfte aller Unfälle zwischen 36 und 42 Grad, wobei der bei weitem größte Anteil der Hänge nach Nordwesten, Norden oder Nordosten ausgerichtet ist und dementsprechend wenig Sonneneinstrahlung erhält.

63%
aller Lawinenunfälle passieren, wenn in den Tagen zuvor über 20 Zentimeter Neuschnee bei starkem Wind gefallen sind

DIE LAWINE:

Die für Freerider gefährlichsten Lawinen sind Schneebretter, da sie von Skifahrern oder Snowboardern selbst ausgelöst werden. Damit es dazu kommt, müssen drei Voraussetzungen erfüllt sein. Erstens: Der Hang muss steiler als 30 Grad sein. Zweitens: Der Schnee ist nicht vollkommen locker und ungebunden, sondern so kompakt und verfestigt, dass sich Spannungen über große Distanzen aufbauen und halten können. Windverfrachteter Triebschnee ist geradezu ideal dafür. Drittens: Eine leicht zu störende Schwachschicht in der Schneedecke, auf der die Lawine abgleiten kann – etwa eine Schwimmschneeschicht oder ein eingeschneiter Harschdeckel. Fährt ein Freerider in so einen Hang ein, übt er durch sein Gewicht Druck aus und kann die Spannung so erhöhen, dass es an der Schwachschicht zu einem Bruch in der Schneedecke kommt. Risse breiten sich dann mit bis zu 70 km/h rasend schnell in alle Richtungen aus, bis die Schneedecke oberhalb der Schwachschicht komplett abgelöst ist. Im nächsten Moment setzt sich das Schneebrett über die gesamte Breite des Anrisses gleichzeitig in Bewegung, zerbricht in einzelne Schollen und donnert mit einem Tempo zwischen 50 und 100km/h bergab. Solche Schneebretter sind durchschnittlich 50 Meter breit, 2000 Meter lang und haben eine Anrisshöhe von 50 Zentimetern.

Bei einer Hangneigung von

ereignen sich 50 Prozent aller Unfälle

DER MENSCH:

Panik ist vorprogrammiert, wenn die Schneedecke um dich herum plötzlich auseinanderbricht. Wenn Menschen aber in so eine lebensbedrohliche Situation geraten, kann es passieren, dass sie teilnahmslos erstarren. Ein uraltes Verhaltensmuster, das unser Gehirn im Angesicht der Gefahr plötzlich abruft. Für unsere Vorfahren mag es sinnvoll gewesen sein, sich vor einem Raubtier auf den Boden zu werfen und tot zu stellen. Heute ist ein Freerider dann nicht einmal mehr fähig, seinen Airbag-Rucksack auszulösen.

Wer noch reagieren kann, dem bleiben laut Jim „Sarge" Conway drei bis fünf Sekunden zur Flucht, sobald sich die ersten Risse im Schnee auftun. Conway, der in den USA als Lawinen-Guru gilt und in Alaska als Skiguide arbeitet, hat selbst schon einige Schneebretter überstanden. Sein Tipp: „Behalte dein Tempo bei und versuche, in einem 45-Grad-Winkel seitlich aus der Lawinenbahn zu entkommen."

Wer in dem kurzen Zeitfenster nicht den Rand des Schneebrettes erreicht, dem wird buchstäblich der Boden unter den Füßen weggezogen, wenn die Schneedecke in unzählige Schollen zerbricht. „Es ist wie von einem reißenden Wildbach mitgerissen zu werden", beschreibt Snowboarder Jeremy Jones das Gefühl, in eine Lawine zu geraten und rät: „Du musst dich orientieren, immer wissen, wo oben und unten ist und versuchen, deine Füße talwärts zu drehen. Wenn du dich überschlägst, kämpfe dagegen an. Und sobald die Lawine langsamer wird: Mit aller Kraft nach oben schwimmen und wenn das nicht gelingt, mit deinen Händen eine Atemhöhle vor deinem Gesicht schaffen."

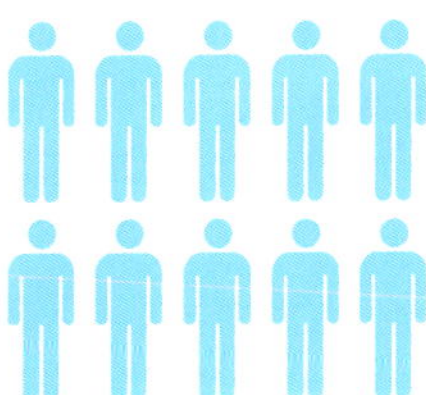

110

Menschen kommen jedes Jahr europaweit in den Alpen durch Lawinen ums Leben

DAS ENDE:

Von allen Skifahrern und Snowboardern, die in eine Lawine geraten, werden mehr als die Hälfte gar nicht oder nur teilweise verschüttet. Wer allerdings komplett verschüttet wird, ist im Durchschnitt einen Meter tief begraben und hat nur eine Überlebenschance von 50 Prozent. Statistisch kommen so jedes Jahr 110 Menschen europaweit in den Alpen durch Lawinen ums Leben.

RECHTSFRAGEN

WAS IN DEN BERGEN ALS LAWINENABGANG BEGINNT, KANN VOR GERICHT ENDEN. DOCH **WELCHE FOLGEN DROHEN**, WENN ES WIRKLICH SOWEIT KOMMT?

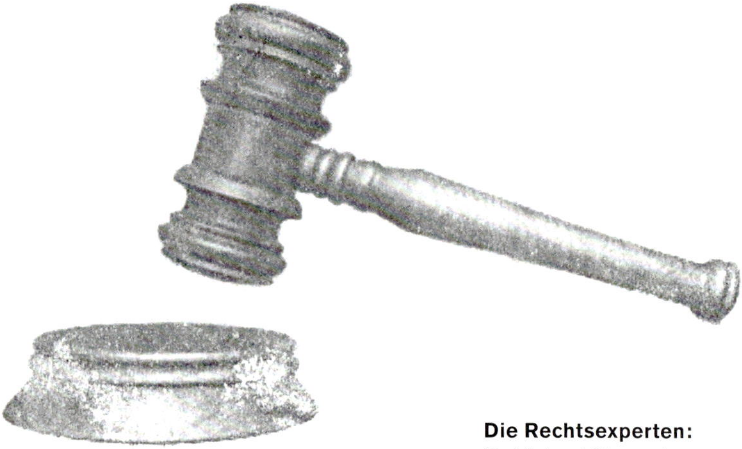

Die Rechtsexperten:
Dr. Michael Obermeier ist Autor diverser skirechtlicher Publikationen. Mag. Christian Fuchs ist Rechtsanwalt in Innsbruck, Skirecht-Experte und berät Skiliftbetreiber sowie Veranstalter von Freeride-Events

WAS KANN MIR PASSIEREN, WENN ICH EINE LAWINE AUSLÖSE?

Falls dabei eine Person verletzt wurde, wird die Polizei ermitteln. Das heißt erstmal nur, dass du vernommen wirst. Dann wird die Staatsanwaltschaft aufgrund der Ermittlungen der Alpinpolizei, der Aussagen der Bergretter und vielleicht der Geschädigten entscheiden, ob sie Anklage erhebt. Die kann auf fahrlässige Körperverletzung oder, falls jemand ums Leben kam, auf fahrlässige Tötung lauten. Falls niemand verletzt wurde, kann der Vorwurf auch fahrlässige Gemeingefährdung sein. Das Strafmaß variiert dabei je nach Delikt: Körperverletzung oder Gemeingefährdung werden meist mit Geldstrafen von bis zu mehreren tausend Euro geahndet. Stirbt jemand, ist auch eine Gefängnisstrafe auf Bewährung möglich. In der Praxis ausschlaggebend für eine Verurteilung ist meistens die Frage, ob fahrlässig gehandelt wurde.

WANN BIN ICH FAHRLÄSSIG?

Fahrlässigkeit liegt vor, wenn ein Freerider die von ihm zu erwartende Sorgfalt nicht an den Tag gelegt hat. Um vor Gericht festzustellen, ob das der Fall war oder nicht, erläutern meist Alpinsachverständige, welches Verhalten an dem Unfalltag von einem umsichtig handelnden Menschen zu erwarten gewesen wäre. Dabei dreht es sich zumeist um die Frage, ob man die konkrete Lawinengefahr hätte erkennen müssen und das Unglück so vermieden worden wäre. Wer etwa den Lawinenlagebericht vor einer Tour nicht einholt oder Lawinenwarnschilder sowie blinkende Lawinenwarnlampen ignoriert, dem kann wahrscheinlich Fahrlässigkeit vorgeworfen werden. Ein wichtiger Faktor ist auch die Hangneigung der gewählten Abfahrt und ob sie für die herrschende Lawinengefahrenstufe vielleicht zu steil war. Aber ein Lawinenunfall kann neben strafrechtlichen auch zivilrechtliche Folgen haben.

WAS MUSS ICH MIR DARUNTER VORSTELLEN?

Wird jemand bei einem Lawinenabgang verletzt, kann er von dem Verursacher zivilrechtlich Schmerzensgeld sowie die Haftung für sämtliche Folgeschäden fordern. Dabei kann das Schmerzensgeld je nach Verletzung zwischen 2.000 und 100.000 Euro liegen. Normalerweise würde das durch eine Haftpflichtversicherung abgedeckt. Wird jedoch grobe Fahrlässigkeit nachgewiesen, kann die Versicherung versuchen, sich schadlos zu halten, also nicht zu zahlen. Außerdem können auch die Bergungskosten oder die Kosten eines Sucheinsatzes von dem Verursacher eingefordert werden.

WER IST VERANTWORTLICH, WENN EINE GRUPPE FREERIDER ZUSAMMEN UNTERWEGS IST UND IN EINE LAWINE GERÄT?

Wenn es sich um eine geführte Freeride-Tour handelt, kann der Bergführer zur Haftung herangezogen werden, falls er mit der Gruppe fahrlässig in einen lawinengefährdeten Hang gefahren ist und ein Teilnehmer verschüttet wurde. Eine heiß diskutierte Sonderkonstellation in diesem Zusammenhang ist der sogenannte „faktische Führer". Dabei haftet ein Mitglied der Gruppe, selbst wenn er nicht der „offizielle" Führer war. Dazu muss er aber tatsächlich die Führungsrolle übernommen haben, deutlich mehr Erfahrung als der Rest der Gruppe besitzen und etwa über die Routenwahl sowie über den Abbruch oder die Fortführung der Tour entschieden haben.

MACHT ES EINEN UNTERSCHIED, OB ICH IN DER SCHWEIZ ODER IN ÖSTERREICH EINE LAWINE AUSLÖSE?

Jedes Land hat seine eigenen Gesetze und wir können nur für Österreich sprechen. Allerdings sind in diesem Rahmen Strafrecht und Schadenersatzrecht in Deutschland, Österreich, Italien, Frankreich und der Schweiz ähnlich.

FROSTSCHUTZKAMMER

ERFRIEREN MUSS NICHT SEIN, WENN DU WEISST, WIE SCHNEE ZU DEINEM **RETTER** WIRD

„Okay“, sagst du dir. „Es wird keine Hilfe kommen.“ Zu lange hast du schon auf dein Handy gestarrt, es immer wieder hoch über den Kopf gehalten und gehofft, dass auf dem Display doch noch ein kleiner Balken neben der Netzanzeige erscheint. Es ist Zeit zu erkennen, dass du niemanden erreichen wirst, niemanden von deiner Lage hier im dichten Nebel irgendwo auf 2.000 Metern erzählen kannst. Klar verfluchst du deine Idee, die letzte Abfahrt trotz einsetzenden Schneefalls über diese Route ins Tal gemacht zu haben. Aber wer konnte schon wissen, dass der Nebel so schnell so dicht werden würde. Die Orientierung hast du eigentlich schon vor 30 Minuten noch weiter oben am Berg verloren. Jetzt weißt du weder wo du bist, noch wie es weitergeht, und außerdem erkennst du jede Minute weniger. Denn es wird Nacht, und dir ist jetzt schon kalt. Doch wenn du deine Freeride-Grundausrüstung dabei hast, bist du in weiteren 30 Minuten so gut wie gerettet.

1 Mit der Lawinenschaufel ein etwa schulterbreites und zwei Meter langes, rechteckiges Loch ausheben. Aber nicht wie verrückt losschaufeln, sonst schwitzt du zu stark und musst die Nacht in klammen Klamotten verbringen – lieber langsam und entspannt arbeiten.

2 Sobald das Loch hüfttief ausgehoben ist, hineinknien und die Grube seitlich aushöhlen – das geht noch einfacher, wenn sich deine Schaufel zur Hacke umbauen lässt (mit dem Schaufelblatt im 90-Grad-Winkel zum Stiel). Ziel ist, dass die Grube – genau wie eine Flasche – oben eng ist und unten einen großen Hohlraum hat.

3 Jetzt kommt das Dach. Ski, Stöcke, Snowboard oder auch Lawinensonde wie die Balken eines Dachstuhls quer über die Grube legen. Dann große Schneeblöcke ausstechen und darauf packen, bis nur noch ein kleiner Schlitz am Rand als Einstieg bleibt.

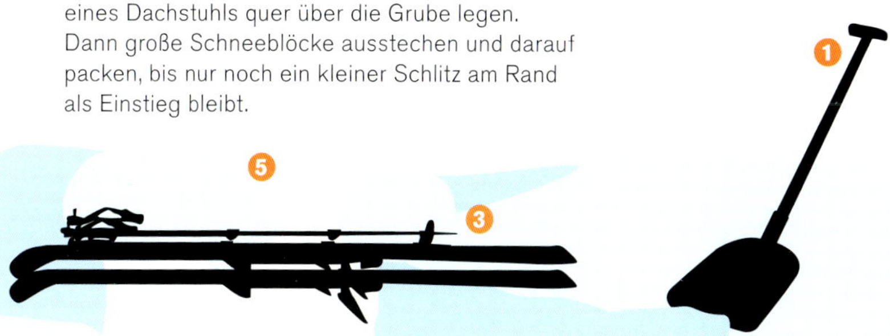

4 Im Inneren spürst du keinerlei Wind, und die Temperatur in der Höhle wird bald 0 Grad betragen – wärmer wäre auch schlecht, da dann der Schnee schmelzen und Wasser von der Decke tropfen würde. Zum Schluss noch den Rucksack in die Einstiegsöffnung stecken und mit ein paar Schneebrocken abstützen – quasi zur Türe umfunktionieren. So solltest du die Nacht den Umständen entsprechend recht komfortabel überstehen.

5 Aber Achtung: Schnee isoliert so gut, dass so eine Höhle luftdicht abschließen und man darin ersticken kann. Bergsteiger, die auf Expeditionen Übernachtungen in solchen Schneehöhlen planen, halten abwechselnd Wache oder stellen sich den Wecker, um zu „lüften“. Denn ein Mensch in Ruhe atmet in einer Stunde circa 500 Liter Luft oder umgerechnet 0.5 Kubikmeter. Bei acht Stunden Schlaf ergibt das knapp vier Kubikmeter Luft. Eine Höhle für zwei Personen hat aber nur ein Volumen von etwa viereinhalb Kubikmetern Luft. Daher auf Luftschlitze beim Verschließen der Schneehöhle achten.

KÄLTEEINBRUCH

WAS PASSIERT, WENN DU **ERFRIERST**?

Die Kälte ist dein bester Freund. Je tiefer die Temperaturen, desto eher fällt Neuschnee als Champagner-Powder, und desto länger bleibt der lockere Pulverschnee erhalten. Doch wenn ein Trip ins Backcountry komplett schief geht, du dich verirrst, einen Unfall hast oder aus irgendeinem anderen Grund in der Wildnis gefangen bist – dann wird die Kälte zu deinem größten Feind. Denn der Mensch ist nicht dafür gemacht, Minustemperaturen zu trotzen und die können in den Bergen tiefer fallen als du denkst. So waren während der schneereichen Kältewelle im Februar 2012 Temperaturen zwischen minus 20 und minus 30 Grad in den Alpen keine Seltenheit – klirrende Kälte, die den Körper schneller abkühlt als er selbst Wärme produzieren kann.

Schlimm wird es auch, sobald Windchill dazu kommt. Schon eine Brise von 30 Stundenkilometern reicht aus, um die gefühlte Temperatur von minus 10 auf minus 25 Grad fallen zu lassen. Der Grund: Bei Windstille bildet die vom Körper abgegebene Wärme eine isolierende, aber sehr fragile Luftschicht um den Körper. Doch Wind zerstört diese Schutzschicht schlagartig, übrigens genauso wie der Kontakt mit dem Boden, sobald man sich hinlegt.

Wenn die Körpertemperatur zu fallen beginnt, werden zuerst das Gesicht und die von nur wenig Kleidung bedeckten Körperteile kalt. Rezeptoren im Körper bemerken diese Kälte sofort und schicken Informationen an das Gehirn, das sofort mit der Verteidigung beginnt: Alle exponierten Körperteile werden von der Blutversorgung abgeschnitten oder zumindest kaum noch durchblutet: Finger, Zehen, Ohren, Nase... Das warme Blut sammelt sich in Rumpf und Kopf, um dort solange wie möglich die lebenswichtigen Organe zu versorgen. Du selbst spürst während dieses Prozesses, wie die Kälte in die Finger kriecht, sie zuerst einschlafen und dann taub werden.

Mediziner sprechen von Unterkühlung, sobald die Körpertemperatur auf 35 Grad gefallen ist. Ein Zustand, in dem dich so starker Schüttelfrost beutelt, dass du fast die Kontrolle über deine Gliedmaße verlierst. Grund ist der verzweifelte Versuch des Körpers, durch schnelle Muskelkontraktionen Wärme freizusetzen. Essen kann jetzt Leben retten – als Treibstoff für den Körper, der gleich zweimal wärmt. Zuerst erzeugt die Verdauung Kalorien, die von den Muskeln verbrannt werden, dann regen die Nährstoffe den Stoffwechsel an. Fällt die Körpertemperatur weiter, folgt unter 32 Grad das nächste Stadium der Unterkühlung: Du fühlst dich benommen, hast Schwierigkeiten klar zu denken und große Lust, dich einfach in den Schlaf gleiten zu lassen. Grund ist eine chemische Reaktion im Gehirn. Denn als du vor zwei, drei Stunden in Not geraten bist, standest du plötzlich unter großem Stress. Dein Gehirn hat mit der Ausschüttung von Hormonen reagiert, die wie Antidepressiva wirken. Anfangs half das bei deinem Kampf gegen die Kälte, doch jetzt lässt die Wirkung nach, und es folgt Lethargie.

Mit jedem Grad, das deine Körpertemperatur weiter abnimmt, wirst du apathischer. Gleichzeitig nimmt deine Denkfähigkeit so stark ab, dass du bald weder deine Eltern noch besten Freunde erkennen würdest. Unter 28 Grad Körpertemperatur folgt dann Bewusstlosigkeit und schließlich eine Art Scheintod. Dann ist dein Herzschlag so verlangsamt und dein Puls so schwach, dass kaum zu unterscheiden ist, ob du noch lebst oder nicht.

Unter 25 Grad Kerntemperatur erlischt schließlich der letzte Lebensfunke, und du verwandelst dich in einen menschlichen Eisblock.

Allerdings rätseln Wissenschaftler noch, warum manche Menschen solch eine extreme Unterkühlung überleben und andere nicht. Eine Frage, die auch Emmanuel Cauchy, einem französischen Höhenmediziner und Arzt der Luftrettung Chamonix, nicht aus dem Kopf ging, nachdem 1999 zwei Bergsteiger über Chamonix von einem Sturm überrascht wurden. Es dauerte vier Tage bei Windgeschwindigkeiten von bis zu 100 km/h, bis die Retter zu den Bergsteigern vordringen konnten – einer war tot, der andere am Leben. Cauchy, der in Frankreich auch unter dem Namen „Docteur Vertical" bekannt ist, konnte sich lange nicht erklären, welcher Umstand den einen rettete. Bis er eines Tages selbst um sein Leben kämpfen musste. Damals, vor etwa zehn Jahren, war der Franzosen auf dem Gipfel eines 6000ers in Nepal gefangen. Er hatte die Schwierigkeit des Abstiegs unterschätzt und war ohne Zelt oder Schlafsack gezwungen, eine Nacht bei Temperaturen von minus 30 Grad auf dem Berggipfel zu verbringen. Gegen Ende der Nacht erreichte er einen Punkt, den er mit den Worten „zwischen Bewusstsein, Wahnsinn und Tod" beschrieb. Cauchy hörte dabei eine Stimme, die sagte, er solle einschlafen. Aber auch eine andere, die riet, nicht aufzugeben. Da richtete er sich unter Aufwendung seiner letzten Reserven noch einmal auf, übernahm wieder die Kontrolle über seinen von Krämpfen geschüttelten Körper und begann mit Hilfe der kleinen Schere aus seinem Erste-Hilfe-Set, die er wie einen Mini-Eispickel einsetzte, den Abstieg.

„EINE STIMME SAGTE MIR: SCHLAF EINFACH EIN, DANN IST ALLES VORBEI."

Cauchy überlebte und ist seitdem überzeugt, dass der mentale Aspekt oder die eigenen Willensstärke eine große Rolle spielt, ob man mit dem Leben davonkommt oder nicht.

Wo steckt die Wärme in deinem Körper?

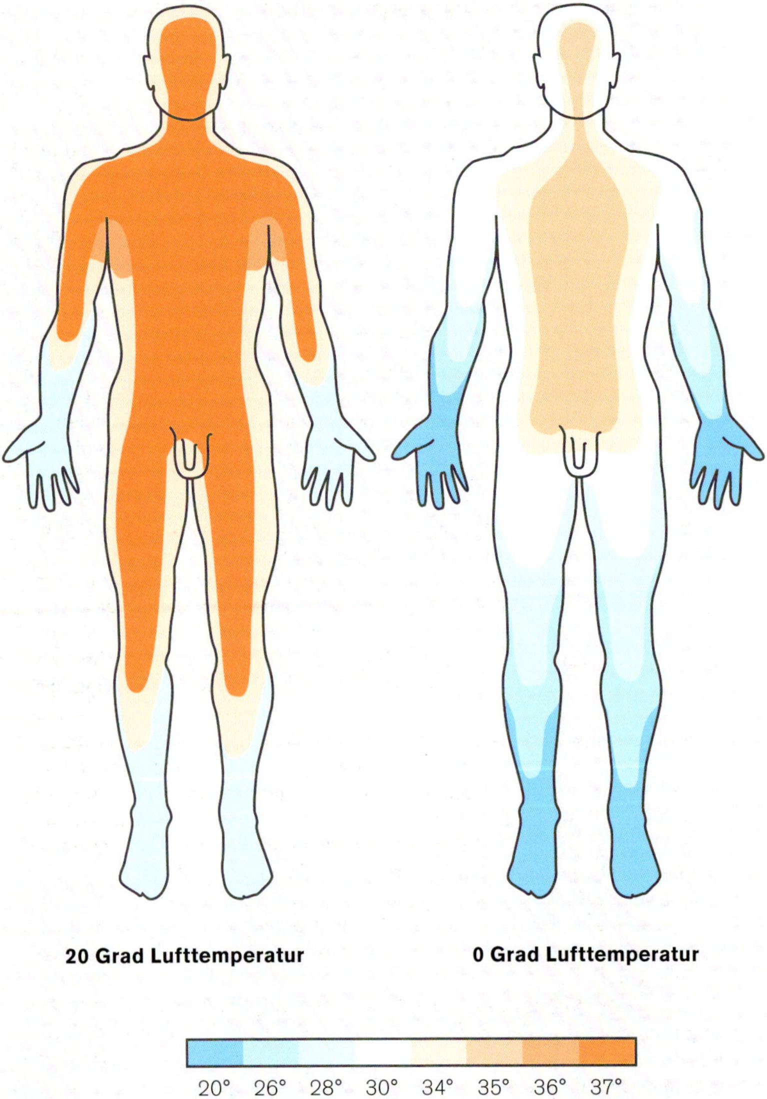

AUFWÄRMTRAINING

NICHT NUR **UNTERKÜHLUNG** KANN DICH TÖTEN, SONDERN AUCH WÄRME

Im Winter 2012/13 kam es soweit, dass sich die Bergwacht im Salzburger Land gezwungen sah, vor den Gefahren des Aprés-Ski zu warnen. Zu oft hatten die Bergretter teils stark unterkühlte Alkoholleichen im Schnee gefunden. Manche der Geretteten hatten nur noch eine Körpertemperatur von knapp über 30 Grad und mussten sofort vom Notarzt ins Krankenhaus gebracht werden. Gleichzeitig wurde auch vor möglicherweise fatalen Fehlern bei der Bergung durch Laien gewarnt. Denn wenn ein Unterkühlter einfach nur von draußen in eine warme Hütte geschleppt wird, droht im schlimmsten Fall der sogenannte Bergungstod – genauso wie Tourengehern, die von einem Schneesturm überrascht wurden, oder Lawinenverschütteten.

Denn je weiter die Körpertemperatur sinkt, desto stärker werden die lebenswichtigen Organe abgekapselt und die Durchblutung der Extremitäten verringert. Als Folge wird der Temperaturunterschied zwischen dem wärmeren Blut im Kern und dem kalten Blut in Armen, Beinen und der Haut immer größer. Wenn der Unterkühlte dann aufgerichtet und bewegt wird, fließt kaltes Blut von den Extremitäten in den Kern, senkt dort die Körpertemperatur schlagartig ab und kann einen Herzstillstand verursachen.

Ein dramatisches Beispiel für den plötzlichen Tod nach der eigentlichen Rettung ereignete sich 1980 in der Nordsee. Damals gerieten 16 dänische Fischer in Seenot und trieben 90 Minuten im eiskalten Meer, bevor sie gerettet wurden. An Bord des Seenotkreuzers schafften es die Fischer aus eigener Kraft unter Deck in die warme Kajüte zu gehen und fielen dort tot um – alle 16.

Zum Umgang mit Unterkühlten rät die Deutsche Lebens-Rettungs-Gesellschaft, dass das Opfer zuerst vor weiterer Auskühlung geschützt werden muss, im Gebirge also vor allem vor Wind und Schnee. Außerdem soll das Opfer bei der Bergung möglichst wenig bewegt werden, und die Extremitäten sollten nicht über das Niveau des Rumpfes gehoben werden.

Wichtig ist auch darauf zu achten, ob der Unterkühlte zittert. Falls ja, befindet sich der Körper noch im sogenannten Abwehrstadium mit einer Kerntemperatur zwischen etwa 34 und 37 Grad. Dann den Unterkühlten wach halten und am besten in wärmende Decken oder zusätzliche Kleidungsstücke einwickeln.

Haben die Muskeln des Unterkühlten aber aufgehört zu zittern, ist die Körpertemperatur bereits unter 34 Grad gefallen und die Situation äußerst kritisch. Dann das Opfer so wenig wie möglich bewegen und sofort die Bergrettung rufen. Eine klinische Behandlung ist unumgänglich.

HÖHENRAUSCH

mit Benedikt Böhm

WIE FÜHLT SICH SKIFAHREN IN DER **TODESZONE** AN?

24 Stunden müssen Benedikt Böhm für den Weg vom Basislager auf den Gipfel eines 8000er und wieder zurück ausreichen. Den Manaslu (8163 Meter) und den Gasherbrum II (8034 Meter) hat der Münchner schon so bestiegen. Touren, für die die meisten Bergsteiger mehrere Tage brauchen. Doch Benedikt ist mit leichtem Gepäck, ohne Zwischenlager und auf Skiern unterwegs. Vier Fragen an einen, der die Todeszone kennt:

Wie entscheidend ist eine gute Skitechnik auf einem 8000er? Ich fühle mich auf Skiern wohler als auf Steigeisen oder zu Fuß und das musst du auch, um da oben noch fahren zu können. Eine Schwierigkeit ist natürlich die dünne Luft in der Höhe. Eine andere das Gelände: Da gibt es Flanken, die sind zwischen 40 und 55 Grad steil. Ein Sturz dort heißt eigentlich immer Absturz. Dazu kommen noch die Schneebedingungen. Traumhafter Pulverschnee, wie ich ihn am Broad Peak erlebte, ist die große Ausnahme. Am Gipfel gibt es bei minus 30 Grad und starkem Wind oft abgeblasene Eisplatten oder Bruchharsch, unten bei plus 20 Grad tiefen Sulz, und dazwischen alles, was du dir vorstellen kannst. Albtraumartig war die Abfahrt vom Manaslu. Als ich nach zehn Stunden Aufstieg um vier Uhr morgens auf dem Gipfelplateau war, empfingen mich Sturmböen von bis zu 100 km/h. Fünf Stunden später ließ der Wind soweit nach, dass ich vom Gipfel abfahren konnte, aber der Sturm hatte die Schneeoberfläche in eine endlose Reihe riesiger Windgangel verwandelt. Die eisharten Schneeverwehungen waren so groß, dass ich über jede einzelne regelrecht drübersteigen musste. Weiter unten folgte dann die Sturzbahn einer Lawine, die in der Woche zuvor abgegangen war. Das Gelände war so wellig, steinhart und voller Eisklumpen, dass man kaum mehr auf die Kanten gehen konnte.

Wie fühlen sich 8000 Meter Höhe an? Stell dir eine Kerze vor, über die du ein Glas stülpst und ihr so den Sauerstoff nimmst. Die Flamme wird dann immer kleiner und schwächer, bis sie kurz vor dem Ausgehen ist – genauso fühlst du dich. Jede Bewegung, sei sie hier unten noch so normal, kostet in der Höhe unheimlich viel Kraft. Schnürsenkel binden zum Beispiel oder Steigeisen anlegen. Beim Aufstieg zwingst du dich ständig, einen Schritt vor den anderen zu setzen, während alles in dir schreit: „Dreh um!“ Beim Abfahren bist du dann nach zwei oder drei Schwüngen fix und fertig und hängst erstmal auf deinen Stöcken. Beim Training für so eine Expedition bin ich vor der Arbeit um vier Uhr morgens unterwegs und spule insgesamt fast 400.000 Höhenmeter ab. Ich überlege mir auch jedes Gramm, das ich hochtragen muss. Da wird jedes Band abgeschnitten, meine Ski wiegen samt Fell und Bindung jeweils nur ein Kilo, und 2.5 Liter an Getränken und 20 Power Gels müssen als Proviant reichen.

Warum hetzt du immer im Kampf gegen die Uhr zum Gipfel und wieder zurück? In den Medien werde ich meistens auf die Jagd nach Speed-Rekorden reduziert. Es ist aber vielmehr meine Philosophie, mit leichtem Gepäck in einem Zug in 24 Stunden rauf- und wieder runterzukommen und nicht wie andere Expedition in vier oder fünf Tagen. In der Todeszone steht dir eben nur eine gewisse Zeit zur Verfügung, und die Uhr läuft immer weiter ab. Mein größtes Hilfsmittel sind dabei meine Ski. Ich kann schneller abfahren als ich laufen könnte und mich im Notfall auch zurückziehen. Die anderen Bergsteiger haben ja Zwischenlager, die als Zuflucht dienen können, ich nicht.

Was darf auf so einer Expedition nicht passieren? Eine Grenze zu überschreiten, weder eine äußere noch eine innere. Das kann heißen, selbst 200 Meter vor dem Gipfel umzudrehen, wie mein Partner Basti am Manaslu. So etwas ist extrem schwer. Du hast dich beim Training so lange so gequält und dann sollst du kurz vor dem Ziel aufgeben? Aber er wusste, er kommt vielleicht nicht wieder runter, wenn er weitergeht. Und dann gibt es noch das Restrisiko. Etwa wenn ein Serac abbricht oder eine Lawine abgeht, wie im Herbst 2012 am Manaslu. Wenn mich da am Abend vorher jemand gefragt hätte, ob der Lagerplatz lawinengefährlich ist, hätte ich gesagt: „Niemals." Um 4.30 Uhr haben wir dann die Druckwelle gespürt und etwa 30 Minuten später die ersten Leute ausgegraben.

Die Todeszone...

... beginnt bei etwa 7500 Metern Höhe. Dort beträgt der Sauerstoffgehalt der Luft nur noch ein Drittel und ein Mensch kann nur kurz überleben. Wegen des Sauerstoffmangels baut der Körper sogar in Ruhephasen Muskelmasse und Gehirnzellen ab. Dazu drohen Halluzinationen, Herzrasen und lebensbedrohliche Lungenembolien oder Hirnödeme.

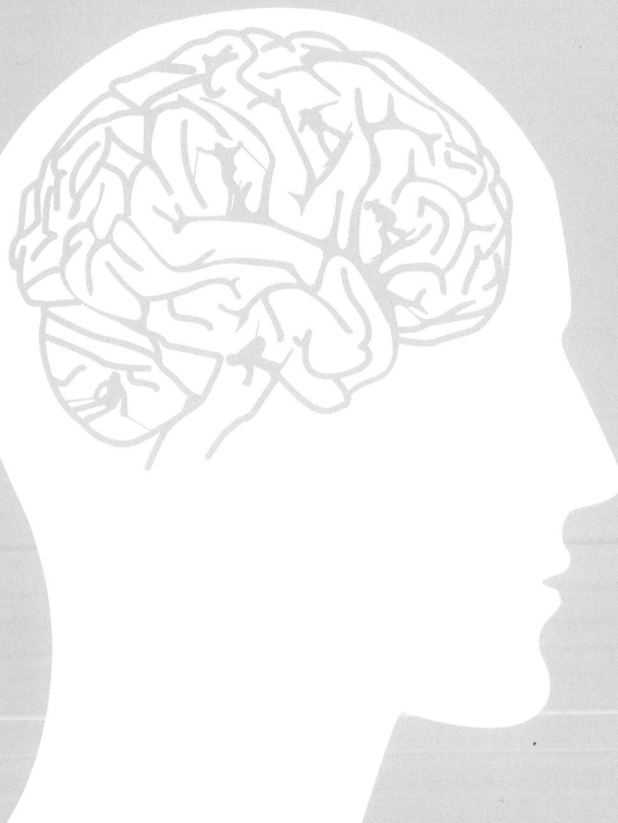

MENTALE HERAUSFORDERUNGEN

Am 24. März 2012 blickte der Amerikaner Oakley White-Allen zum ersten Mal vom Start des Verbier Xtreme am Bec des Rosses in die Tiefe und hatte keine Ahnung, wie er da nach unten kommen sollte. Oakley ist einer der wenigen Freeskier, die ihre Lines nicht bis ins letzte Detail austüfteln. „Ich lasse lieber etwas Raum für meine Intuition", meint er. So planlos wie an diesem Tag wollte Oakley aber keinesfalls in seinen Run beim Finale der Freeride World Tour starten. Doch plötzlich machte ihm sein Knie Probleme. Das Gelenk fühlte sich so schwach und instabil an, dass jegliche Landung von einem Cliff unmöglich erschien und somit auch Oakleys geplante Line. Deshalb aufzugeben, war für ihn aber keine Option. Also stieß er sich ab, machte zwei enge Turns auf dem 45 Grad steilen Face und traversierte langsam nach links. „Ich suchte eine Lücke in diesem Irrgarten aus Felsen, um ohne Sprünge und ohne zu bremsen durchzukommen", erzählt Oakley. „Denn bremsen kostet mehr Kraft als springen, und mein Knie gab das nicht mehr her." Dann drehte er seine Ski in die Falllinie und ließ es laufen. Nicht schnurgerade, aber nur mit ein paar weiten Turns raste er das knapp 500 Meter lange Face mit wild flatternden Klamotten und so einem Höllentempo nach unten, dass die Zuschauer bei dem Anblick mucksmäuschenstill wurden.

DER KOPF IST EBEN EIN MÄCHTIGES INSTRUMENT, WENN DU IHN NUR RICHTIG ZU BENUTZEN WEISST UND VIELLEICHT SOGAR EIN WENIG TUNING BETREIBST...

Was dagegen niemand sehen konnte, waren die beiden Steine in Oakleys Hosentaschen: Rechts ein dunkler, fast schwarzer Stein von der Größe einer Mandarine, den ihm ein Einsiedler in der Wüste geschenkt hatte. Links ein grüngoldener Eisenkristall mit glatten Flächen und scharfen Kanten. „Ich habe diese Steine seit Jahren immer beim Skifahren dabei. Es fühlt sich für mich so an, als ob mir diese Steine mehr Energie geben." Tatsächlich gibt es Forscher, die Oakley in diesem Punkt zustimmen. Grundlage dafür ist eine Studie mit zwei verschiedenen Gruppen von Golfern. Eine trat mit ganz normalen Bällen zum Putting an, die andere mit ihren persönlichen Glücksbällen. Das Ergebnis: Die Spieler mit den Glücksbällen versenkten durchschnittlich 6.4 Putts von zehn Versuchen im Loch, die andere Gruppe nur 4.4. Der Beweis für die Forscher, dass der Glaube an einen Glücksbringer ausreicht, um die eigene Leistung zu verbessern.

Vielleicht der Grund, warum nicht einmal der heimtückische Schnee Oakley bei seinem Höllenritt etwas anhaben konnte. Immer wieder verschlug es ihm leicht die Ski, wenn er über hartgefrorene Querspuren raste oder lockerer Pulver mit der harschigen Altschneedecke abwechselte. Doch er stand bombenfest auf seinen Ski und kam laut lachend ins Ziel.

Der Kopf ist eben ein mächtiges Instrument, wenn du ihn nur richtig zu benutzen weißt und vielleicht sogar etwas Tuning betreibst...

ABSTURZGEFAHR

mit Fred Syversen

DER NORWEGISCHE FREESKI-PRO FRED SYVERSEN WIRD NIE VERGESSEN, **WIE ES SICH ANFÜHLT, SEINE LINE ZU VERLIEREN** – AUCH WENN ER ES ERST MERKTE, ALS ES EIGENTLICH SCHON ZU SPÄT WAR...

Es geschah am 18. März 2008. Ein perfekter Bluebird-Tag, den wir nicht weit von Chamonix für Videoaufnahmen vom Helikopter aus nutzen wollten. Das Face war ziemlich einfach, zuerst relativ flach und sanft, dann steiler mit ein paar Felsen und einem Drop am Schluss. Natürlich habe ich mir die Line und ein paar Orientierungspunkte eingeprägt, die mir den Weg zeigen sollten. Leider war mir nicht bewusst, dass einer meiner Wegweiser bei der Abfahrt einem anderen Felsen zum Verwechseln ähnlich sah. Dazu kam, dass das gesamte Face konvex war, ich also immer nur die nächsten 20 oder 30 Meter vor mir sehen konnte. Als dann der Felsen auftauchte, den ich mir als Orientierungspunkt gemerkt hatte, zog ich nach rechts und merkte sofort, dass etwas nicht stimmte. Denn plötzlich war ich in einer engen Rinne und die hätte es auf meiner Line nicht geben dürfen.

Die Filmcrew im Helikopter hatte einen besseren Überblick und erkannte sofort, was los war. Ich hatte einfach eine „Abzweigung" zu früh genommen, weil sich diese zwei Felsen in dem Face so verdammt ähnlich sahen. Vom Heli aus sahen die Filmer auch, was auf mich zukam. Einer schrie noch in das Funkgerät, ich hatte aber keine Verbindung oder habe es einfach nicht gehört.

Aus meiner Perspektive hörte der Schnee wenige Meter vor mir abrupt auf. Keine Chance auch nur zu erahnen, was dahinter wartete. Es blieben zwei Optionen und vielleicht die Dauer eines Wimpernschlags, um mich zu entscheiden. Bremsen? Aber die Rinne war so eng und steil. Außerdem ragten überall scharfkantige Felsen aus dem Schnee und ließen mir kaum Platz für einen Turn. Was wenn ich bremse, stürze und völlig unkontrolliert über die Kante in die Tiefe falle? Straightlinen und hoffen, dass vor mir nur ein ganz normales Cliff liegt? Ich ließ die Ski laufen, raste über die Kante und dachte: „Das ist das Ende!"

ICH FLOG ÜBER DIE FELSKANTE INS BODENLOSE NICHTS HINAUS UND DACHTE: „DAS IST DAS ENDE!"

Der Boden war so weit weg und ich war so hoch in der Luft, dass ich jegliche Relation verlor. Ein Blick wie von einem Berggipfel ins Tal, und unter mir nichts als Felsen. Aber dann flog ich über die Felsen hinaus und hatte wieder Schnee unter mir. Das änderte alles. Ich wollte nicht sterben, fing an zu kämpfen und versuchte, in der Luft stabil zu bleiben. Bloß nicht anfangen sich zu überschlagen und gar Kopf voraus einschlagen. Aber während ich immer schneller fiel, der Wind an mir riss und in meinen Ohren zu einem wahren Orkan anschwoll, drohten meine Skispitzen durch den Luftwiderstand nach oben gerissen zu werden. Es war ein ständiger Kampf, meine Ski runterzudrücken, und der Druck wurde immer stärker. Aber der Boden kam näher und näher, bis ich mich ganz knapp vor dem Einschlag nach hinten fallen ließ, um die Wucht des Aufpralls auf meinen ganzen Körper zu verteilen. Dann eine Explosion im Schnee und sofort danach: Stille.

Im Videoclip des Absturzes lässt sich stoppen, dass der Absturz fünf Sekunden dauerte – eine Ewigkeit im freien Fall. Als sich die Schneewolke nach dem Einschlag wieder gesetzt hatte, ragte nur noch die Spitze eines Skistocks aus dem Schnee. Ich war so tief eingegraben, dass die Welt um mich herum vollkommen schwarz war. Ich konnte mich nicht bewegen, nicht richtig atmen und überall war Schnee – in meiner Nase, vor meinem Mund. Aber nur Minuten später hörte ich die ersten Schaufelgeräusche und kurz darauf haben sie mich aus einem fast zwei Meter tiefen Loch gezogen.

Später haben wir die Felswand gemessen und sind auf 107 Meter gekommen. Unglaublich, dass ich nach dem Absturz noch selbst zum Heli abfuhr. Im Krankenhaus wurde dann festgestellt, dass ein Lungenflügel teilweise kollabiert war und meine Leber nicht mehr richtig funktionierte. Einen Monat später war ich aber schon wieder fit.

DON´T WORRY

DON´T THINK ABOUT

MENTALE SUPERKRÄFTE

BEIM FREERIDEN GEHT ES UM DIE SUCHE NACH NEUEN LINES UND HERAUSFORDERUNGEN. DOCH WAS, WENN DU BEIM DROP-IN PLÖTZLICH **ANGST VOR DER EIGENEN COURAGE** BEKOMMST? DREI ANSÄTZE, DIE DEN UNTERSCHIED ZWISCHEN RUN UND CRASH DES TAGES MACHEN KÖNNEN.

KOPFKINO ANWERFEN:

Wenn der Freeride World Tour-Veteran Flo Orley an seine Grenzen geht, stellt er sich erstmal vor, wie der Moment des Erfolgs aussehen wird: „Bei Cliffs von zehn Metern und mehr muss wirklich alles perfekt passen, dass man den Sprung sauber stehen kann. Wenn ich mich aber entscheide, ein bisschen auf Risiko zu gehen und so einen Drop in meine Line einzubauen, ist es ganz schlecht zu denken: „Hoffentlich falle ich nicht hin." Nein, da musst du dir sagen: „Das stehe ich jetzt! Und stellst dir vor, wie du absolut sicher über das Cliff fliegst und perfekt landest."

Sportpsychologen bezeichnen diese Technik als „Visualisieren". Dabei stellen sich zum Beispiel Marathonläufer vor, wie sie den letzten Kilometer frisch und voller Energie zurücklegen oder Fußballspieler, wie sie einen Elfmeter perfekt verwandeln. Faszinierend ist, dass der Körper so auch Bewegungsmuster lernen und abspeichern kann. Wenn es dann wirklich darauf ankommt, spulen die Muskeln praktisch ein altbekanntes Programm ab, obwohl die Aktionen bisher nur im Kopf stattfanden.

GEDANKEN AUSBLENDEN:

Der schwedische Extrem-Skifahrer Andreas Fransson fährt ständig Lines, die 1000 Meter langen No-Fall-Zones gleichen. Sein Rezept lautet: Nicht nachdenken! „Was bringt es auch, im Moment des Drop-Ins nachzudenken? Vielleicht könnte ich überlegen, ob der Schnee gut und die Sicht ausreichend ist, wie ich losfahren soll und wie ich den ersten Turn setze. Aber ich sage: Es ist wichtig, nicht nachzudenken – so zeigt jeder Athlet, egal in welchem Sport, eine bessere Performance. Wenn ich nachdenke, bleibe ich nur weit unter meinen Möglichkeiten zurück oder schlimmer: mache Fehler.
Auch etliche Sportpsychologen sind sich einig, dass Athleten oft bessere Leistungen zeigen, wenn sie sich ganz auf ihre motorischen Fähigkeiten verlassen und dabei nicht anfangen, über jede Bewegung nachzudenken. In Stresssituationen ist das aber leichter gesagt als getan. Denn wenn Sportler Druck spüren, etwa beim entscheidenden Elfmeter oder auch beim Blick in die erste Steilwandrinne der Saison, wollen sie ja keinen Fehler machen, beginnen oft nachzudenken und werden sogar zögerlich. Ein Trick, der dann helfen kann, ist die linke Faust zu ballen (gilt für Rechtshänder). So lässt sich ganz einfach die rechte Gehirnhälfte aktivieren, die für alle automatisierten Bewegungsabläufe zuständig ist. Als Folge verlässt sich ein Sportler wieder auf jahrelang antrainierte Bewegungsmuster, statt das Für und Wider jedes einzelnen Schrittes abzuwägen.

AUFREGUNG KONTROLLIEREN:

Um wirklich seine optimale Leistungsfähigkeit zu erreichen, braucht jeder Sportler ein klein wenig Aufregung, die ihm einen Energieschub verpasst, wie die Tasse Kaffee am Morgen. Dann schüttet der Körper kleine Mengen Adrenalin und Endorphine aus, gerade genug, um die Durchblutung des Gehirns und der Muskeln zu steigern. Die Wirkung ist durchschlagend: Du bist hellwach, fähig extrem schnell zu reagieren und zugleich hoch konzentriert. Eben der optimale Zustand, um auf einer schwierigen Line seine Grenzen zu testen. Meist reicht schon der Blick in ein steiles Couloir, um ein wenig Aufregung zu spüren. Schlecht ist nur, wenn die Aufregung zu groß wird. Dann reagiert dein Körper wie in einer akuten Gefahrensituation beim Kampf um Leben und Tod: Dann wirst du zwar noch enorme Kräfte entwickeln können, nur leider ohne Feinmotorik oder Koordination. Du kannst so hektisch und nervös werden, dass du selbst bei einfachen Turns plötzlich verkantest. Was dann hilft, ist eine einfache Entspannungstechnik, die Sportwissenschaftler seit langem predigen: atmen! Denn langsam tief ein- und auszuatmen verlangsamt den Herzschlag und beruhigt dich.

LINIENWAHL TEIL 1

mit Stefan Häusl

UNTERWEGS AM **BEC DES ROSSES**

Seit bald 20 Jahren ist die Nordflanke des Bec des Rosses über Verbier der finale Austragungsort für den Kampf um die Freeride-Krone und kein anderes Face könnte besser dafür geeignet sein. Denn dieses 500 Meter lange Labyrinth aus Rinnen und Felsen fordert vom 50 Grad steilen Drop-In bis zum Auslauf wirklich alles, was die besten Freerider an Technik und Kraft aufbieten können. Eine Herausforderung, wie sie dem Österreicher Stefan Häusl liegt. Ein echter Big Mountain-Profi, der schon seit Jahren auf der Freeride World Tour mitfährt und einmal am Bec des Rosses sogar um den Titel kämpfte – bis ihn ein Crash seine gute Platzierung kostete. Klar dass Stefan genau weiß, wie man seine Line am Bec des Rosses oder auf einem ähnlichen Big Mountain Face findet:

„Wer den Bec des Rosses anschaut, der sieht viel Schwarz und wenig Weiß, weil da fast mehr Felsen als Schnee sind. Das macht das Face so unnahbar, düster und auch furchteinflößend. Abbauen lässt sich diese Furcht ganz leicht, indem du den Berg studierst: lange und aus verschiedenen Perspektiven, von rechts, von links, von vorne und auch aus verschiedenen Höhen von gegenüber. Mit jedem Winkel, den man erhascht, wird das 3D-Bild des Hangs im Kopf besser. Ich mache das solange, bis ich irgendwann ein perfektes Bild im Kopf habe und weiß, wie sich die Rücken nach unten ziehen oder wohin genau welche Abzweigungen der verschiedenen Lines führen.

MIT JEDEM WINKEL, DEN MAN ERHASCHT, WIRD DAS 3D-BILD DES HANGS IM KOPF BESSER

1 2012 war im obersten Teil kein Schnee und wir mussten uns zum Start ein Stück abseilen. Los ging es eng und steil – richtig steil.

2 Der Felsen diente als Wegweiser. Knapp unterhalb musste ich aus meiner Sicht nach links, um die Anfahrt auf das Cliff zu treffen. Dann Rechtskurve, Linkskurve, Rechtskurve – ich hatte jeden Turn im Kopf – und Absprung.

3 Knackpunkt war das Hollywood-Cliff, das in diesem Jahr wegen des wenigen Schnees sicher 12 bis14 Meter hoch war. Die Landung ist dort immer in einer No-Fall-Zone: Ein Sturz und du fliegst über das nächste Felsband.

Als nächstes suche ich das Face ganz grob nach möglichen Lines ab. Irgendwann bleibst du dann bei einer Idee hängen und baust sie mit Sprüngen, Cliffs oder Double Cliffs immer genauer aus, so dass die Line spektakulär, aber zugleich sicher

AM ENDE KENNE ICH JEDEN STEIN UND WILL DIE LINE NUR NOCH FAHREN

zu fahren ist. Dann überlege ich, wie schnell man für einen Sprung sein oder in welche Richtung man wegspringen muss, und lerne das Ganze quasi auswendig. Am Ende kenne ich jeden Stein und will die Line nur noch fahren.

4 Ich wusste, dass ich in der Landung mit einem Höllentempo aus meiner Sicht nach links ziehen musste und da schnappte die Falle zu. Vor dem Contest war es sehr windig und das Face voller Bruchharsch. Ich konnte die Platte nicht erkennen, aber plötzlich brach ein Ski durch den Bruchharsch und ich flog nach vorne.

5 Der Rest der Line blieb daher nur ein Plan.

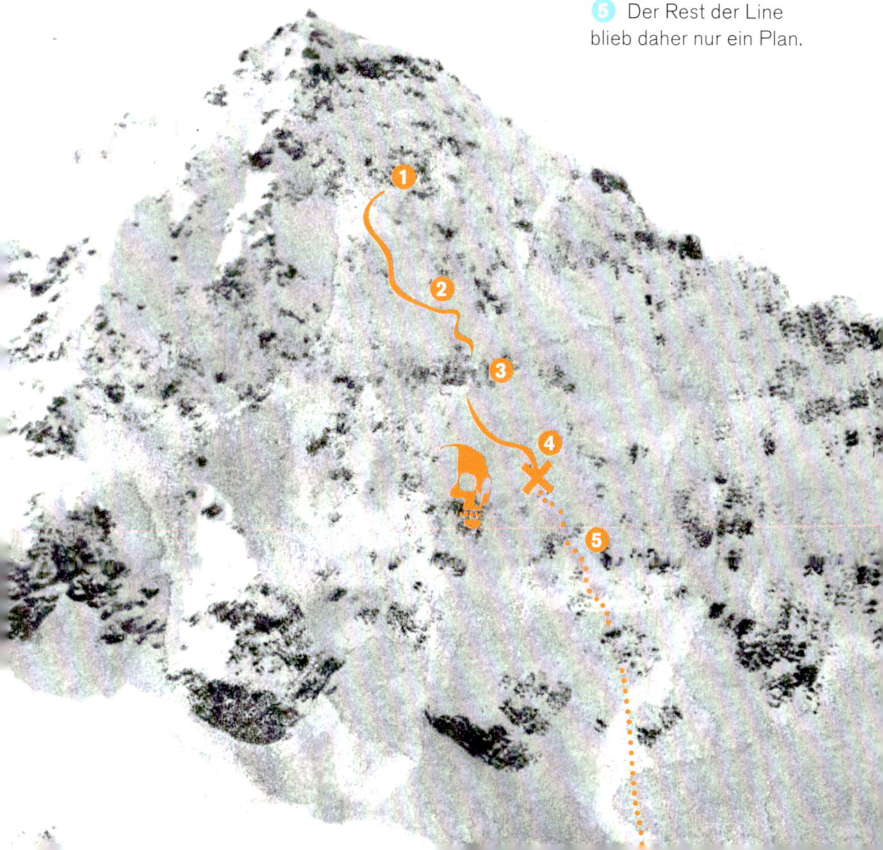

ORIENTIERUNGSKURS
TEIL 1 mit Flo Orley

„**DER WEG IST DAS ZIEL** – ODER BESSER DIE LINE, DIE DU FINDEN MUSST, BEVOR DU SIE FAHREN DARFST!", LAUTET EIN FREERIDE-GRUNDGESETZ. EINER, DER WEISS, WIE MAN DAS BESTE AUS EINEM RUN HERAUSHOLT UND WELCHE FEHLER ES BEI DER LINIENWAHL ZU VERMEIDEN GILT, IST DER SNOWBOARD-PRO FLO ORLEY.

PLANSPIEL:

Es kann sein, dass du an einen Berg kommst, die schönste Line siehst und sie nicht fahren kannst. Vielleicht weil sie über einer Felswand endet und jeder Sturz lebensgefährlich wäre oder der Hang stark eingeblasen und damit zu lawinengefährlich ist. Das sind die äußeren Vorgaben, die dir zeigen, wo der Berg dich überhaupt fahren lässt. Hast du dann eine mögliche Line gefunden, geht es um die Details. Welche Features gibt es, welche kann ich kombinieren, welche Sprünge traue ich mir zu und ganz wichtig: Wo sind meine Safe Spots? Das sind Stellen, die ich zu 99 Prozent für lawinensicher halte. Klassisch ist das ein Grat zwischen zwei Rinnen. Da kann man dann auch anhalten, wenn man eine lange Line nicht durchfahren oder sich mit seinen Kumpels wieder sammeln will.

WORST-CASE-SZENARIOS:

Ich stelle mir immer vor, was bei einem Run schiefgehen kann. Etwa wie ich reagieren muss, wenn ich ein Schneebrett auslöse. Kann ich mich dann nach links oder rechts auf einen Safe Spot retten oder hilft nur noch eine Schussfahrt? Wenn es dann wirklich soweit kommt, weiß ich, was zu tun ist und muss nicht in den wenigen Augenblicken, die mir als Reaktionszeit bleiben, erst nach einem Ausweg suchen. Dabei niemals zu unterschätzen sind Death Traps (siehe Seite 18), die selbst einen Minihang in eine tödliche Falle verwandeln können. Falls ich für ein mögliches Worst-Case-Szenario bei einer Line keine rettende Lösung finde, heißt das, dass ich die Finger davon lasse.

KLASSISCHE FEHLER:

Cliffs unterschätzen. Was von unten nach spaßigen drei Metern aussieht, entpuppt sich oft als ein satter Acht-Meter-Drop. Oder sich an den falschen Doubles zu versuchen. Die sollten immer aus einem kleinen ersten Drop und einem größeren zweiten bestehen und nicht umgekehrt. Außerdem muss der Abstand zwischen den beiden Drops ausreichen, um zu landen, sich zu sammeln und auf den zweiten Sprung zuzufahren. Wenn der Abstand zu klein ist und du vielleicht mit etwas Rückenlage landest, dann fehlt dir die Zeit, dich wieder richtig aufzurichten, und schon fliegst du unkontrolliert über das zweite Cliff. Außerdem suchen sich viele Rider für sie zu enge, zu steile oder zu technische Lines. Lieber am Anfang einfachere Lines mit wenigen Sprüngen wählen und dann mit der Zeit in immer steileres Gelände mit mehr Sprüngen vorwagen.

FAKTOR SCHNEE:

Pulver und Bruchharsch liegen oft nur wenige Meter auseinander. Ein Beispiel: Bei einem Qualifier Contest für die Freeride World Tour haben etwa zehn von 25 Snowboardern das gleiche Double in ihre Line eingebaut. Das war ein tolles Feature aus zwei breiten Cliffbändern, aber leider war da der schlechteste Schnee im ganzen Contesthang: eine zentimeterdicke Bruchharschkruste, durch die man bei der Landung gebrochen und dann hängengeblieben ist. Klar, dass keiner dieses Double sauber fahren konnte. Dabei hätte man das auf den ersten Blick sehen können. Das Double war nach Südosten ausgerichtet, der Schnee wurde dort am recht warmen Vortag durchnässt und fror dann in der Nacht zu einer harten Kruste. In allen nach Norden ausgerichteten Hängen gab es dagegen noch Pulver.

ORIENTIERUNGSKURS
TEIL 2 mit Flo Orley

EINMAL FINDEN REICHT BEIM FREERIDEN NICHT. DENN WENN DU EIN FACE VON UNTEN, GEGENÜBER ODER AUS DEM LIFT STUDIERST UND DEINE LINE ENTDECKT HAST, MUSST DU SIE VOM GIPFEL AUS AUCH **WIEDERFINDEN**. WIE DAS GEHT? VISUALISIEREN HEISST DAS ZAUBERWORT.

KOPFKINO:

Sobald ich meine Line gefunden habe, folgt das Visualisieren. Dazu schließe ich die Augen, stelle mir vor, am Start meines Runs zu stehen und loszufahren. Meistens weiß ich dann nach ein paar Turns nicht mehr weiter, öffne die Augen, schaue, wie die Line weitergeht und beginne wieder von vorne. Also Augen zu, Start, erster Turn, zweiter Turn usw. Dabei merke ich mir auch Felsen, an denen ich rechts oder links vorbei muss, Einfahrten zu Rinnen oder die genaue Lage von Absprüngen zwischen kleinen Wechten oder Felsen. In einem Contest oder für ein Video muss eine Line Vollgas durchgefahren werden, da darf man nicht zu einem Cliff hinrutschen, um erstmal zu schauen, wo man abspringen kann und wo nicht. Das kann ich nur, wenn ich die Line zu 100 Prozent im Kopf habe. Aber man kann auch sein Riding sehr pushen, wenn man sich einen Run vorher einprägt. Dann weißt du, was auf dich zukommt und kannst agieren, anstatt nur vorsichtig auf Sicht zu fahren und zu reagieren.

WEGWEISER:

Orientierungspunkte sind deine Navigationshilfe in jedem Face. Geeignet ist alles, was markant ist: Felsen, Wechten, Bäume – je größer, desto besser. Schwierig ist dabei nur, dass jeder deiner Orientierungspunkte von unten komplett anders aussieht als von oben. So mag ein großer Felsen beim Face Check praktisch unübersehbar sein und bei der Abfahrt ist er lediglich als weißer Schneehügel zu erkennen. Deshalb ist es beim Visualisieren wichtig, sich so lange Zeit zu lassen, bis du deine Line wie im Schlaf findest.

KONVEX VS. KONKAV:

Manche Hänge beginnen steil und werden nach unten immer flacher, sind also konkav. Dann sieht man vom Gipfel den gesamten Hang und findet dementsprechend leicht seine Line. Da brauche ich nur ein paar Minuten, um mir die Orientierungspunkte einzuprägen. Anders sieht es bei einem konvexen Hang aus, der flach anfängt und dann steiler abfällt. Auf so einem „Roll-Over" fährst du praktisch blind. Klar dass du dann wirklich deinen gesamten Run mit jedem Turn und jedem Sprung im Kopf haben musst. Bei schwierigen Faces wie dem

Bec des Rosses in Verbier schaue ich mir den Berg schon mal sechs Stunden lang an. Aber nicht nur, weil das Visualisieren so lange dauert, sondern auch die Entscheidung, welche Line zu mir passt.

KONSEQUENZEN:

Eine gute Planung ist die beste Versicherung. Allerdings darfst du dir bei der Umsetzung des Plans keinen Fehler erlauben. Leider gelang mir das 2011 nicht, als ich die Chance hatte, in Verbier die Freeride World Tour zu gewinnen. Ich wusste, dass ich im unteren Bereich des Bec des Rosses sehr schnell auf ein Cliff zukommen würde und dort entweder nach links oder nach rechts abspringen müsste, aber keinesfalls einfach geradeaus in der Falllinie. Dann stürzte der Fahrer vor mir und musste per Heli geborgen werden. Das hat eine Ewigkeit gedauert, und als ich nach 50 Minuten endlich starten durfte, war ich wohl nicht mehr voll konzentriert. Denn als ich am Ende des Runs zu dem Cliff kam, sprang ich genau in die Mitte. Die Folgen: Aufschlag aus sechs oder sieben Metern Höhe direkt auf einen Felsen, ein gebrochenes Board, ein kaputtes Knie und ein verlorener Weltmeistertitel.

ZWEITE CHANCE:

Ich habe immer einen Plan B. Nehmen wir an, ich habe mir von unten die perfekte Line ausgesucht, hike dann auf den Gipfel und sehe, dass meine Idee nicht funktioniert. Vielleicht weil ich nicht genau zu meinem Startpunkt komme oder der Einstieg zu „sharky“ ist. Dann habe ich als Plan B noch eine zweite Line im Kopf, die ich als Alternative fahren kann.

PERSPEKTIVENWECHSEL

mit Flo Orley

FLO ORLEYS CONTEST-LINE AM CORVATSCH ÜBER ST. MORITZ **AUS ZWEI BLICKWINKELN**: EINMAL VON UNTEN BEIM FACE CHECK, EINMAL VON OBEN KURZ VOR DEM DROP-IN UND DAZU DIE ANLEITUNG, WIE ER AUF DEM WEG NACH UNTEN AUCH WIRKLICH SEINE LINE FINDET.

1 Gerade auf der World Tour schauen die Rider am Start noch einmal die Fotos, die sie von unten geschossen haben, auf ihren iPhones oder Kameras an und überlegen, welcher Fels welcher ist und wo genau ihre Line beginnt. Denn wenn du von unten einen großen Felsen siehst, über den du springen willst, und von oben nur einige kleine Felskuppen, die nebeneinander aus dem Schnee ragen, kann man schon unsicher werden. Vor allem wenn du weißt, dass nur unter einem der Felsen eine Landung wartet. Mit solchen Unsicherheiten fertig zu werden, ist eine der Herausforderungen beim

Freeriden. Sind die Absprünge gut? Ist der Schnee in der Landung weich? Gibt es Sharks? Alles Fragen, die dir ständig im Kopf rumschwirren.

2 Wichtig ist, sich beim Face Check bewusst zu sein, dass die Perspektive täuschen kann. Es kann sein, dass ein Cliff von vorne wie ein perfekter Fünf-Meter-Drop aussieht und du dann von der Seite erkennst, dass der Fels nicht senkrecht abfällt und du nicht nur fünf Meter tief, sondern auch 20 Meter weit springen müsstest.

3 Diese kleine Rinne ist von unten deutlich zu sehen, von oben dagegen überhaupt nicht. Wenn du die Line im Kopf und dir den richtigen Felsen als Orientierungspunkt gemerkt hast, kannst du mit Schwung in die Rinne springen. Wenn nicht, musst du bei dem Felsen stehenbleiben und erstmal schauen, wie es weitergeht.

4 Wenn man wirklich seine Line und damit die Orientierung verloren hat, ist das kein Grund, die Nerven zu verlieren. Dann muss man eben anhalten, auf Sicht fahren, vielleicht aus dem Face queren oder gar aufsteigen. Nur keinesfalls nach dem Motto „Wird schon gut gehen" irgendwo runterspringen, wenn man nicht weiß, wie die Landung aussieht. Heikel kann so eine Situation werden, wenn man das Gelände unter sich nicht einsehen kann. Wenn es wirklich blöd läuft, landest du in einer Sackgasse und hängst in einer 45 Grad steilen Rinne über einer 20-Meter-Felswand fest. Da fällt selbst Aufsteigen als Option aus, und Rettung verspricht nur noch ein Helikoptereinsatz.

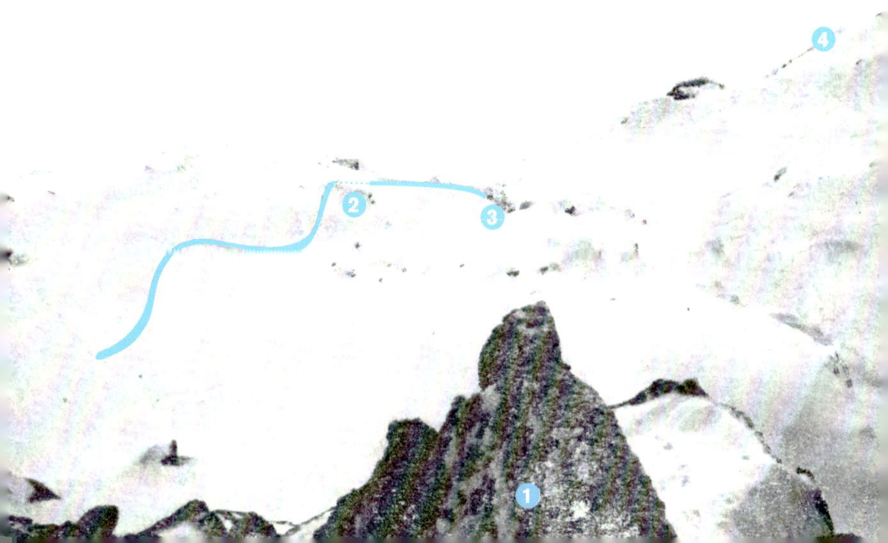

GEFÜHLSSACHE

KÖNNEN WIR **DROHENDE GEFAHR VORAUSAHNEN** UND SO DEM UNHEIL ENTGEHEN?

WAS DIE ERFAHRUNG SAGT:

Cyril Neri erlebte während seiner Karriere als Freeride-Pro etliche Höhen und Tiefen. So gewann der Schweizer den Verbier Xtreme insgesamt dreimal, brach sich bei einem Videodreh den Rücken und erkannte die Warnzeichen der Natur mehr als einmal gerade noch rechtzeitig. Heute gibt er sein Wissen bei der Dakine Junior Series der Freeride World Tour an den Nachwuchs weiter – wozu auch gehört, auf sein Bauchgefühl zu hören:

„Es gibt Tage, an denen fühle ich eine Art von Angst, die sich logisch nicht erklären lässt. Das ist ein komisches, ungutes Gefühl, das tief aus meinem Inneren zu kommen scheint und bei mir Gänsehaut und weiche Knie auslöst. Für mich eine klare Warnung, dass ich zu irgendetwas ‚Nein' sagen muss – vielleicht zu einer Line, die ich geplant hatte, vielleicht auch überhaupt in die Berge zu gehen. Immer wenn ich dieses unbestimmte Gefühl von drohendem Unheil habe, fahre ich höchstens ein paar easy Lines.

Ich glaube auch, dass jeder Mensch Gefahr spüren kann. Die Kunst ist nur, auf seine innere Stimme zu hören und die Stärke zu haben, etwas nicht zu tun. Das kann schwierig sein, wenn deine Freunde sagen, dass das Face supersicher ist oder dich ‚Chicken' nennen, wenn du Zweifel hast. Genauso kann dich dein eigenes Ego in Gefahr bringen, wenn es dich reizt, eine harte Line direkt unter dem Lift zu fahren, so dass jeder die Spur bis zum nächsten Schneefall sehen kann.

Ich weiß aus eigener Erfahrung, wie schwer es sein kann, solchen Faktoren nicht nachzugeben. Im Winter 2007, einer extrem schneearmen Saison, hatte ich bis Februar mit meinem Filmer noch keine einzige gute Line in den Kasten bekommen. Dann kam der Schnee – 40 Zentimeter, die bei starkem Wind fielen. Es war so offensichtlich: Vereiste Altschneedecke plus Neuschnee plus Sturm ergibt hohe Lawinengefahr. Aber wir standen so unter Druck, endlich ein paar Bilder zu schießen, dass wir uns anstachelten und schließlich gegenseitig überzeugten, eine Line zu fahren. Es kam, wie es kommen musste. Ich löste ein Schneebrett aus, wurde mitgerissen und komplett verschüttet. Mein Glück war nur, dass ich schnell genug gefunden und ausgegraben wurde. Seitdem weiß ich: Wer nicht nur für sich und sein eigenes Vergnügen Freeriden geht, sondern für Sponsoren oder um seine Freunde zu beeindrucken, hat gute Chancen in den Bergen umzukommen."

WAS DIE WISSENSCHAFT SAGT:

Der Musiker Frank Adelman hatte 1912 sein Ticket für die Jungfernfahrt der Titanic schon gelöst. Doch in den Wochen vor der Überfahrt nach Amerika träumte seine Frau immer wieder von einem baldigen Schiffsuntergang und drängte ihren Mann, nicht auf das Schiff zu gehen. Schließlich gab er nach und trat die Reise nicht an. Zufall? Vorahnung? Es gibt etliche solcher Anekdoten über Menschen, die durch ihren „sechsten Sinn" vor Tod und Verderben bewahrt wurden. Wissenschaftler scheitern trotz einiger Studien aber bis heute daran, Phänomene wie Vorahnungen oder das Spüren eines Blicks im Nacken zu beweisen oder zu widerlegen. Der Grund, warum solche unerklärbaren menschlichen Fähigkeiten als paranormal oder esoterisch bezeichnet werden und den Stempel „unglaubwürdig" bekommen. An Theorien über den sechsten Sinn mangelt es dagegen nicht.

Eine besagt, dass er den Vorfahren des modernen Menschen in Urzeiten als ein Frühwarnsystem diente. Heute ist die Fähigkeit, drohende Gefahr oder andere wichtige Ereignisse zu spüren, verkümmert, da sie in unserer Industriegesellschaft nicht mehr überlebenswichtig ist. Einige Indizien sprechen auch wirklich für diese Theorie. So scheinen sich heute noch urtümlich lebende Stämme, wie die Buschmänner der Kalahari in Südafrika, diese Fähigkeiten bewahrt zu haben. Denn nach den Beobachtungen verschiedener Forscher spüren die Buschmänner in ihrem Dorf, wie es einer Gruppe auf der Jagd ergeht, ob es Probleme gibt oder welche Beute sie erlegen.

Eine weitere Theorie lautet, dass der Mensch zwar die Zukunft voraussagen kann, dafür aber auf seine Erfahrungen zurückgreift. Man deutet also Vorzeichen, die schon in einer anderen Situation zu erkennen waren und schließt so auf kommende Ereignisse.

MENTALTRAINING TEIL 1

mit Sven Kueenle

DER DEUTSCHE FREESKIER WAR SCHON IN AMERIKANISCHEN VIDEOPRODUKTIONEN ZU SEHEN, ALS SKIFAHRER AUF TWIN TIPS IN DEN ALPEN NOCH EXOTEN WAREN, UND ZIEHT AUCH HEUTE NOCH BIG MOUNTAIN LINES FÜR DIE KAMERA. FAST EIN WUNDER, DENN ZWISCHENDURCH MUSSTE SVEN EINE **BLOCKADE IM KOPF** ÜBERWINDEN.

2008 ...

...hatte ich einen heftigen Unfall beim Heliskiing in Alaska. Ich wurde auf einem Bergkamm abgesetzt und musste noch ein paar Meter bis zum Startpunkt hiken. Drei Schritte ging alles gut, dann brach der Boden unter mir weg. Natürlich hatte ich gewusst, dass an dem Kamm eine riesige Wechte hing und dementsprechend einen großen Abstand zum Rand eingehalten. Leider reichte die Bruchkante aber so weit auf den Bergkamm zurück, dass ich mitgerissen wurde, als die Wechte abbrach. 300 Meter ging es in die Tiefe. Als ich dann endlich zum Liegen kam und durch die herumschwirrenden Schneekristalle in die Sonne blickte, kam es mir vor, als würde ich durch eine Tür in eine andere Welt blicken.

Mein Körper war grün und blau geschlagen, meine Wirbelsäule verstaucht, aber ansonsten hatte ich keine Verletzungen davongetragen. Trotzdem war nichts mehr wie vorher. Denn der Unfall hatte anscheinend so tiefe Ängste in mir ausgelöst, dass ich danach extreme Schwierigkeiten hatte, mich einer neuen Herausforderung zu stellen, mich zu überwinden oder mit Unsicherheiten wie den Gefahren im Backcountry umzugehen. Ich war wie blockiert und nur noch mit angezogener Handbremse unterwegs.

HEUTE...

... fahre ich Lines, die ich mir früher nie hätte vorstellen können. Auch meine aktuellen Videoparts zeigen ein ganz anderes, viel höheres Level, als meine alten Aufnahmen. Denn wenn du im Begriff bist, in eine anspruchsvolle Line zu droppen, darfst du mit deinen Gedanken nicht woanders sein. Du musst in diesem Moment zu 100 Prozent auf dich und dein Vorhaben fokussiert sein. Denn egal wie fit du bist, wenn du im Kopf nicht bereit bist, kannst du es einfach nicht. Ich kann mich inzwischen so vorbereiten, dass ich sogar No-Fall-Zones fahre, die fatale Konsequenzen haben könnten. Etwa weil ich bei einem Fehler über eine 50-Meter-Felswand abstürzen würde. Eine Fähigkeit, die ich rein mental und emotional entwickelt habe.

DIE VERÄNDERUNG...

... begann, als ich erkannte, dass mich der Unfall geprägt und Ängste erzeugt hatte. So eine Prägung schränkt einen Sportler enorm ein. Wenn ich etwa wieder auf einer Wechte stand, stieg so ein unbestimmtes, negatives Gefühl in mir auf und vermittelte mir: Das ist nicht gut, was du gerade machst. Mentaltrainer haben verschiedene Ansätze für so ein Problem. Etwa Gespräche, in denen jedes Detail so einer Situation durchgegangen wird, um zu erkennen, wie man sich fühlt und auf welche Reize man reagiert. Ich habe eine Herangehensweise gefunden, die ich „psychologisch-spirituelle Arbeit“ nenne und die nur über Augenkontakt mit meinem Trainer funktioniert. Während wir uns in die Augen schauen, komme ich in einen Zustand, in dem ich alle mit dem Unfall verbundenen Gefühle aus dem Unterbewusstsein nach oben hole. Faszinierend dabei ist, dass das echte Gefühle sind, die du spürst. Wenn es etwa um Schmerzen geht, kann es sein, dass man weinen muss. Dann trete ich in eine Art inneren Dialog und ersetze diese negativen Emotionen durch positive Energie. Das nächste Mal auf einer Wechte ist die unbestimmte Angst dann verschwunden. Das ist keine leichte Aufgabe, denn du musst dich dir selbst stellen. Ein typischer Reflex des Menschen ist aber, sich genau davor zu schützen, weil niemand gerne seine Ängste spürt.

Ich habe durch die Beschäftigung mit meinem Unterbewusstsein auch gelernt, mein Potential besser zu nutzen. Denn wir Menschen sind oft abgelenkt durch etliche Dinge, die in unserem Unterbewusstsein herumschwirren. Ich habe jetzt jeden Morgen beim Filmen in den Bergen eine Routine, bei der ich durch Meditation mit mir selbst in einen Dialog trete. So schaffe ich es, mich zu 100 Prozent auf meine Aufgabe zu konzentrieren. Dadurch spüre ich, ob ich einen guten Tag haben werde, was mir die Selbstsicherheit für eine krasse Line gibt. Oder ich merke, dass ich es an einem Tag vielleicht eher ruhig angehen lassen sollte.

MENTALTRAINING TEIL 2

mit Sven Kueenle

WIE GEHT **MENTALTRAINING**?

„Früher habe ich die Ski angeschnallt, nicht weiter nachgedacht und bin losgefahren“, erinnert sich Sven Kueenle. „Heute bin ich in den Bergen viel bedachter, fokussierter und kann so mein Potential besser nutzen.“ Ein Leistungsschub, den Sven unter anderem auch folgenden Übungen verdankt.

ZENTRIEREN...

...verschafft dir kurzfristige Entspannung und bessere Konzentrationskraft. Wer die Technik beherrscht, kann sie zum Beispiel in einer Wettkampfpause oder vor einer schwierigen Line einsetzen, um mehr Leistung abrufen zu können. Dazu auf den Rücken legen, die Augen schließen und die gesamte Aufmerksamkeit auf die Körpermitte um den Nabel zentrieren. Langsam tief einatmen und gleichzeitig die Bauchdecke nach außen wölben, dann tief ausatmen und die Bauchdecke einfallen lassen. So weitermachen, bis sich das Gefühl des „Zentrierens“ im Bauch einstellt. Zu Beginn dauert das knapp fünf Minuten, später reichen meist 20 Sekunden.

ATEMFLUSS...

... lässt dich Entspannung und Regeneration bewusst erleben. Dazu deine ganze Aufmerksamkeit einige Minuten auf deine Atmung richten und passiv den Ablauf jedes einzelnen Atemzugs beobachten. Die besten Momente sind morgens nach dem Aufwachen und abends kurz vor dem Einschlafen.

GEDANKENFLUSS...

... gibt dir Ausgeglichenheit und holt deine unterbewussten Gedanken ins Bewusstsein. Dazu etwa 15 Minuten gleichmäßig tief atmen, dabei die Außenwelt ausblenden und nach Innen blicken. Dann die auftauchenden Gedanken wie Wolken am Himmel vorbeiziehen lassen und sie einfach betrachten ohne etwas daran zu verändern. Mit der Zeit die Gedanken zur Ruhe kommen lassen und die darauf folgende innere Ruhe sowie Gelassenheit genießen.

A-B-C-SPIEL...

... verbessert deine Fähigkeit, äußere Reize oder Informationen zu verarbeiten sowie dich zu konzentrieren und verschafft dir in Stresssituationen so mehr Überblick und Gelassenheit. Dazu gibt es einige Trainingsvarianten mit der Buchstabenliste. Etwa jeden schwarzen Buchstaben der Reihe nach laut lesen und jeweils gleichzeitig die Hand heben, die der weiße Buchstabe darunter angibt (r = rechts, l = links, z = beide zusammen). Dabei bei jedem Fehler von vorne beginnen, bis du fünf Durchgänge geschafft hast.

a b c d e

r r l l z

f g h i j

l z l r r

k l m n o

z r l z l

p q r s t

l r l l z

u v w x v

r l r z l

LINIENWAHL TEIL 2

mit Xavier De Le Rue

UNTERWEGS AUF EINEM **ALASKA-SPINE-FACE**

Spines sind die ultimative Erfahrung eines Alaska-Trips: verdammt steil und technisch anspruchsvoll haben sie das Potential, dir den Adrenalinrausch deines Lebens zu verpassen. Einer, der genau weiß, wie man das Beste aus einem Spine-Face herausholt, ist die französische Freeride-Legende Xavier De Le Rue. Hier zeigt er, wie er anhand eines Fotos seine Line planen würde. Keine ganz leichte Aufgabe, denn dieses Face ist in Xaviers Worten: „voller Fallen und technisch schwierig, also definitiv kein Ort für einen lockeren Warm Up-Run."

1 Viele Spines auf dem Foto sehen gut aus, allerdings lauern darunter einige große Spalten. Fallen, die dir zum Verhängnis werden können, wenn du hier stürzt oder vom Sluff mitgerissen wirst.

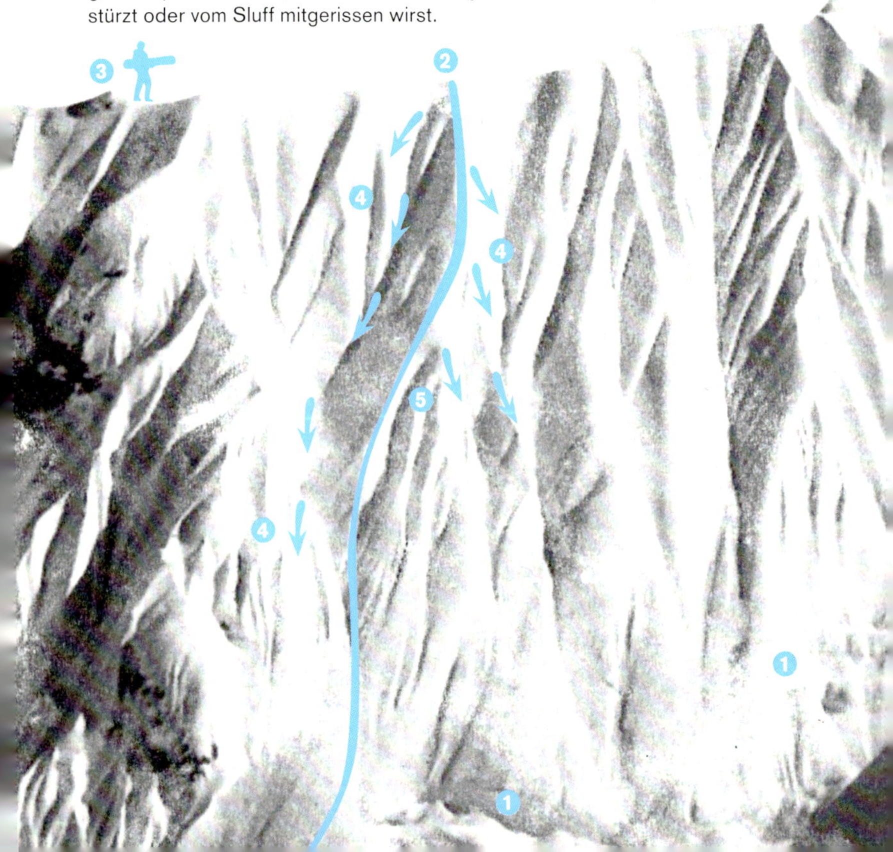

2 Diese Spine hat dagegen einen recht guten Auslauf und ist damit viel eher machbar. Tatsächlich sind Spines in Bezug auf die Lawinengefahr der sicherste Platz auf so einem Face. Denn die Seiten eines solchen Grats sind so steil, dass Schnee die ganze Zeit von alleine abrutscht. So kann sich auf der Spine kaum ein Schneebrett bilden, das du auslösen könntest.

3 Spines sind auch eine psychologische Härteprobe. Denn normalerweise stehst du oben, siehst gar nichts und musst praktisch blind in deine Line droppen, weil das gesamte Face ein einziger Roll-Over ist. Alleine schon den Startpunkt zu finden, ist nicht ganz leicht. Ich hätte natürlich ein Foto geschossen und würde mich an dieser kleinen Spitze orientieren, die leicht zu erkennen ist. Von dort oben auf dem Kamm kann ich dann erkennen, wo die einzelnen Spines beginnen und muss nur abzählen, um meine Line zu finden.

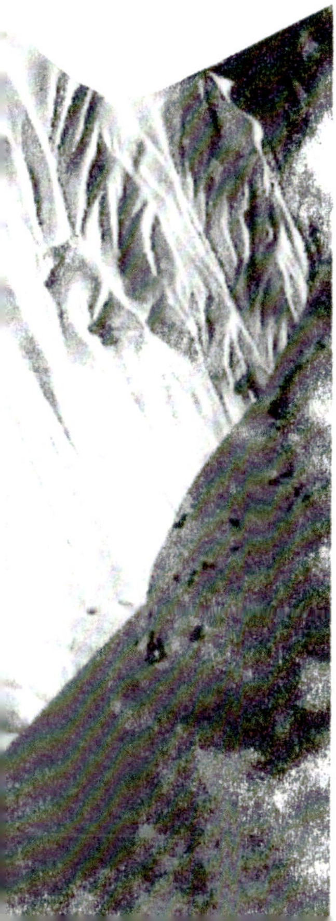

4 Auf der Spine selbst ist Sluff kein Problem, der Schnee wird auf beiden Seitenflanken abrutschen und dich nicht verfolgen. Denn Sluff folgt wie Wasser genau der Falllinie, wird immer zum tiefsten Punkt strömen und sich dort sammeln. Hier ist das genau in den Rinnen zwischen den Spines, wo der Sluff dann so viel Kraft entwickelt, dass er dich sofort von den Füßen reißen und mitspülen würde. Du musst immer im Kopf behalten, dass du diesen Sluff-Strom auf keinen Fall kreuzen darfst.

5 Ein Knackpunkt dieser Line ist, dass die Spine nicht über das ganze Face nach unten läuft, sondern an einer Stelle abbricht und sich aufgliedert. Ich hätte vor dem Drop-In die Line visualisiert und wüsste, dass mein Run zuerst ziemlich gerade auf der Spine entlangführt und dann aus meiner Perspektive bei der Abfahrt leicht nach rechts dreht. Alles hängt davon ab, wie gut du dir deine Line eingeprägt hast: Du musst wissen, was kommt, auch wenn du es nicht sehen kannst. Sobald dann der Auslauf in Sicht ist, würde ich Gas geben und per Straight Line versuchen, vor dem Sluff zu bleiben. Denn an dieser Stelle kann meine Line der Bahn des Sluffs, den ich weiter oben ausgelöst habe, gefährlich nahe kommen. Da finde ich es viel einfacher, bei freier Bahn richtig Gas zu geben. Wenn ich mit angezogener Handbremse fahren würde, müsste ich ständig über die Schulter schauen, um den Sluff im Auge zu behalten.

STRESSTEST

OKAY, DU HAST DIE BEDIENUNGSANLEITUNG DEINES LAWINENPIEPSERS GELESEN, DAS GERÄT SOGAR EIN PAAR MAL AUSPROBIERT UND WEISST, WIE ES FUNKTIONIERT. DOCH WIRST DU IM NOTFALL DEINEN KUMPEL WIRKLICH UNTER DEM SCHNEE FINDEN UND AUSGRABEN KÖNNEN ODER WERDEN DIR DEINE **ANGEBORENEN REFLEXE** EINEN STRICH DURCH DIE RECHNUNG MACHEN?

STRESS VS. DU:

Zuzusehen wie einer deiner Freunde von einem Schneebrett mitgerissen wird, ist eine extreme Stresssituation, die uralte, angeborene Reaktionen auslöst. Denn auch heute noch reagiert der Mensch im Angesicht der Gefahr haargenau so wie in der Steinzeit, wenn es galt, seine Haut vor einem Säbelzahntiger zu retten. Leider sind die Bedrohungen der modernen Welt, wie brennende Hochhäuser, sinkende Schiffe oder abgehende Lawinen, oft so komplex, dass in unseren Genen keine passende Lösung abgespeichert ist. John Leach, ein englischer Universitätsprofessor für Psychologie und Autor des Buches „Survival Psychology“ sagt: „Nur etwa zehn Prozent aller Menschen reagieren in einer Notsituation relativ rational, 80 Prozent sind absolut verwirrt und zehn Prozent handeln sogar vollkommen falsch.“

STRESS VS. KÖRPER:

Geht es um Leben oder Tod, wird Adrenalin ausgeschüttet, Blut in die Muskeln gepumpt und die Atmung beschleunigt. Kurz: Der Körper schaltet seinen Turbolader ein und ist bereit, im Kampf übermenschliche Kräfte freizusetzen oder schneller zu sprinten als jemals zuvor. „Fight or Flight“ nennen Wissenschaftler diese in den Genen jedes Menschen festgeschriebene Reaktion auf Bedrohung oder Stress, die unseren Vorfahren oft das Überleben gesichert hat.

STRESS VS. KOPF:

Das Gehirn schaltet unter großem Stress dagegen einen Gang zurück. Denn wer einem brüllenden Bären gegenübersteht und erst überlegt, was er über diese Raubtiere weiß oder abwägt, was zu tun ist, lässt wertvolle Sekunden verstreichen. Ein Zeitverlust, der fatale Folgen haben kann. Wenn es nach unseren Genen geht, ist Denken in einer Gefahrensituation daher unerwünscht und nur bedingt möglich. Ein Phänomen, das uns in der modernen Welt heute eher im Weg steht als hilft – selbst wenn es nicht um Leben und Tod geht. Denn auch jede Prüfungssituation erzeugt Stress und vermindert so automatisch unsere Fähigkeit, logisch zu denken. Schulpsychologen beschreiben die Auswirkungen so: „Die Bandbreite dessen, was man sich ins Gedächtnis rufen kann, wird enger, so als hätte ein Computer keinen Zugriff mehr auf Teile seiner Festplatte. Beispielsweise Mathematik-Formeln, die man zu Hause leicht lösen konnte, ergeben unter Stress keinerlei Sinn mehr." Interessanterweise betrifft so ein geistiger Blackout nur das kreative Denken und somit die Fähigkeit, Problemlösungen zu entwickeln. Stur auswendig gelernten Stoff wie Vokabeln oder Geschichtszahlen kann das Gehirn auch unter Stress noch gut abrufen.

LÖSUNG VS. STRESS:

Wie ist es also möglich, in einer extremen Stresssituation nach einem Lawinenabgang handlungsfähig zu bleiben? Mit derselben Methode, auf die auch Militär und Katastrophenschutz setzen: Routine. So haben Brandschutzübungen nur den Zweck, dass jeder Mensch im Notfall weiß, wohin er fliehen muss, ohne eine Sekunde nachzudenken. Genauso muss dir der Umgang mit Lawinenpiepser, Sonde und Schaufel so in Fleisch und Blut übergegangen sein, dass du alle Schritte einer Verschüttetensuche vollkommen automatisch abspulen kannst. Wer im Ernstfall erst überlegen muss, wie er seinen Piepser von „Senden" auf „Suchen" umschaltet, wird versagen.

TRICK VS. STRESS:

Navy Seals und andere Spezialeinheiten erlernen eine einfache Atemtechnik, um im Kampf nicht von Panik übermannt zu werden: Atme einfach fünf Sekunden lang tief ein, halte dann fünf Sekunden die Luft an und atme wieder fünf Sekunden langsam aus – schon kannst du wieder einen klaren Gedanken fassen.

FAZIT:

Nur theoretisch zu lernen wie eine Verschüttetensuche funktioniert, bringt nichts. Praxis ist gefragt. Also geh raus in die Natur, vergrabe einen Piepser und übe die Suche, das Sondieren und Graben, bis du jeden Handgriff automatisiert hast – und das nicht nur einmal in deiner Freeride-Karriere, sondern jede Saison aufs Neue.

RISIKOERFAHRUNG

mit Andreas Fransson

DER SCHWEDISCHE SKIFAHRER ANDREAS FRANSSON BEZWINGT ABFAHRTEN, DIE **KEINERLEI RAUM FÜR FEHLER** BIETEN. DOCH WIE MACHT ER MÖGLICH, WAS FÜR ANDERE UNMÖGLICH ERSCHEINT?

KENNE DEINE GRENZEN:

Mein persönliches Limit erreichte ich im September 2012 bei einer Erstbefahrung der Whillans Ramp am Aguja Poincenot in Patagonien: die technisch schwierigste und ausgesetzteste Line meines Lebens. An einer Stelle musste ich einen 60 Grad steilen Hang auf hartem Schnee traversieren, während nur zwei Meter unter mir eine senkrechte Felswand 1000 Meter in die Tiefe abbrach. Aber bereits beim Hochklettern wusste ich, dass ich diese Line fahren kann – auch wenn es die Grenze meines Könnens darstellte. Ich hatte beim Start auch keine Angst. Habe ich nie, weil ich so eine Line vorher im Kopf schon etliche Male bis ins kleinste Detail durchgegangen bin und daher weiß, dass meine Fähigkeiten ausreichen. Wäre ich mir bei einer Abfahrt nicht sicher, würde ich sie nicht versuchen. Ich bin auch noch nie in einer Steilwand ins Rutschen gekommen oder in einer No-Fall-Zone gestürzt.

MUT ZUM „NEIN“:

Viele machen den Fehler, sich selbst unter Druck zu setzen, indem sie sagen: „Ich werde heute diese Line fahren.“ Dann doch umzudrehen, weil die Bedingungen nicht gut sind, ist psychologisch extrem schwierig. Meine Philosophie ist, zuerst einmal zu sehen, was möglich ist und nicht von vornherein zu sagen, welche Line ich fahren werde. Schließlich muss ich die Konsequenzen meiner Entscheidung tragen, und am Ende entscheidet immer der Berg, was möglich ist und was nicht. Bei Erstbefahrungen liegt meine Erfolgsquote auch nur bei 25 Prozent. Das heißt: In drei von vier Fällen kehre ich um. Selbst hier in Chamonix, wo ich wohne und genau weiß, welche Windrichtung und welche Temperatur für eine Line vorherrschen müssen, mache ich die Abfahrt tatsächlich „nur" in 50 bis maximal 70 Prozent aller Fälle. Vielleicht weil es zu lawinengefährlich ist oder der Schnee so windgepresst und hart, dass man nur noch absteigen und nicht wirklich fahren könnte. Wissen ist alles. Vor allem zu wissen, wann man „Nein" sagen muss.

RESTRISIKO:

Unkalkulierbar bleibt nur das Risiko, dass dein Material bricht oder versagt – etwa eine Bindung plötzlich auslöst. Natürlich gibt es auch objektive Gefahren wie Lawinen oder Eis-Seracs, die in vergletschertem Gelände auf dich herabstürzen können. Dann muss man kalkulieren, wie groß die Wahrscheinlichkeit ist, dass etwa ein Serac tatsächlich abbricht und ob man das Risiko minimieren kann, indem man versucht, die Gefahrenzone sehr schnell zu durchqueren. Oder ob man lieber die Finger von der Line lässt. Ab einem gewissen Level sind solche Entscheidungen beim Ski-Mountaineering extrem wichtig. Denn meistens sind es falsche Entscheidungen, die zu Unfällen führen.

2010 hatte so eine Fehleinschätzung für mich ernste Konsequenzen. Ich versuchte eine recht schwierige Abfahrt über Chamonix und wusste, dass ich schnell sein musste. Doch die Line stellte sich als viel schwieriger heraus, als ich angenommen hatte. Dementsprechend länger war ich unterwegs, dann wurde es auch noch etwas wärmer als angekündigt, und schon nahm das Schicksal seinen Lauf. Die Lawine erwischte mich an einer Abseilstelle, spülte mich mit und brach mir die Wirbelsäule.

KOPFARBEIT:

Viele denken, dass alles von der Skitechnik abhängt, aber eigentlich geht es darum, einen klaren Kopf zu behalten und die richtigen Entscheidungen zu treffen – selbst wenn man erschöpft ist. Körperlich ist mein Sport nicht wirklich anstrengend, zumindest nicht im Vergleich mit Marathonläufern. Mental bin ich dagegen nach einer Abfahrt oft total erschöpft und ausgelaugt. Es kommt vor, dass ich zehn Stunden unterwegs bin und dabei die ganze Zeit vollkommen fokussiert bleiben muss. Das heißt aber nicht, dass ich mich immer nur auf den nächsten Turn konzentriere und mir sage: „Ich kann das." Das wäre leicht, vielleicht vergleichbar mit einer Fahrt auf einer leeren Autobahn. Nein, ich muss auch offen sein, alles um mich herum wahrzunehmen, wie etwa die Variablen Schnee und Wetter, die sich ständig ändern. Das entspricht dann eher einer Fahrt im dichten Stadtverkehr, bei der unentwegt Informationen zu verarbeiten und Entscheidungen zu treffen sind.

RUCKSACKKONTROLLE

mit Andreas Fransson

WAS BRAUCHT EIN EXTREM-SKIFAHRER, WENN ER **ZUR ARBEIT** GEHT?

KLASSISCHER CHAMONIX-POWDERTAG:

Zu den Dingen, ohne die ich praktisch nie Skifahren gehe, gehören meine Touren-Felle für Aufstiege, die Lawinenausrüstung mit Piepser, Schaufel, Sonde sowie Steigeisen und Eispickel für Kletterpassagen. Manchmal, wenn eine Line steil und technisch ist, habe ich den Eispickel auch bei der Abfahrt in der Hand. Eigentlich denke ich aber, dass es eine sehr optimistische Annahme ist, einen Sturz mit seinem Pickel stoppen zu können. Selbst musste ich es noch nie ausprobieren. Außerdem habe ich alles dabei, was man an Abseilstellen brauchen kann: Klettergurt, Karabiner, Haken, Schlingen, Eisschrauben, Klemmkeile, Friends, Cams sowie ein 30-Meter-Seil. Das funktioniert im Notfall auch als Old School-Gletscherspalten-Rettungsset. Ansonsten sind nur noch ein paar Energieriegel, Sonnencreme, Trinkflasche,

Stirnlampe und eine Rolle Tape für jeden erdenklichen Zweck in meinem Rucksack. Unterwegs bin ich an so einem Tag am liebsten auf breiten Rocker-Ski für so viel Auftrieb wie möglich.

STEILWAND-PROJEKT:

Zusätzlich habe ich eigentlich nur Karte, Kompass und GPS zur Orientierung dabei, sowie ein Funkgerät zur Kommunikation. An Extrem-Skitagen vollkommen anders sind allerdings meine Ski: speziell für mich gebaut, 95 bis 100 mm breit, zwischen 177 und 185 cm lang, recht steif und so leicht wie möglich. Ansonsten ist die Ausrüstung sehr ähnlich, nur vieles in Leichtbauweise. Bei Steigeisen und Eispickel greife ich dann zu High-End-Eisklettergeräten, während ich an normalen Tagen etwas schwerere und dafür robustere Ausrüstung mitnehme. Außerdem habe ich 80 bis 100 Meter Kevlar-Seil dabei, das viel dünner und widerstandfähiger ist. Bei großen Erstbefahrungen gehören Abseilpassagen fast immer dazu, und manchmal ist schwer einzuschätzen, wie viel Abseilen nötig ist. Zum Beispiel dachte ich bei der Erstbefahrung der 3000 Meter hohen Südflanke des Denali (offizieller Name des Mount McKinley in den USA), dass ich nur 200 Meter abseilen muss, am Ende waren es dann 500. Es wäre ziemlich schlecht gewesen, wenn ich dafür nicht die nötige Ausrüstung dabei gehabt hätte. Überhaupt stellt meine Kletterausrüstung so etwas wie meinen Notfallplan dar: Wenn es gar nicht mehr weitergeht, kann ich mich immer noch abseilen.

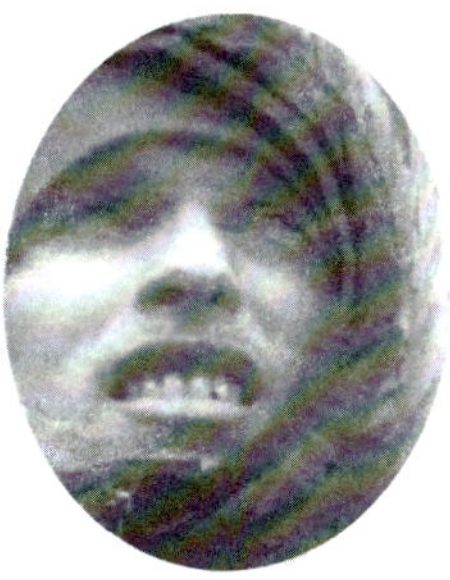

Wer ist dieser Mann? „Wenn du stürzen darfst, ist die Line nicht extrem", sagt Andreas Fransson, der nach dieser Definition eindeutig als Extrem-Skifahrer gilt. Denn die Abfahrten des 30-jährigen Schweden gleichen oft über 1000 Meter langen No-Fall-Zones – egal ob bei Skiabenteuern über seinem neuen Heimatort Chamonix oder bei Erstbefahrungen irgendwo in Patagonien oder Nordamerika. Dazu ist Fransson auf solchen Touren oft auch noch solo unterwegs. Einfach weil es zwar viele Kletterer und Skifahrer gibt, die mit dem Schweden mithalten könnten, aber kaum jemanden, der es in beiden Bereichen kann. Fransson sieht sein ganzes Leben als Vorbereitungsphase: „Bei dem, was ich tue, geht es um dein Wissen und deine gesamte Erfahrung in den Bergen. Du musst die Natur verstehen, die hochalpine Umgebung und wie du dich darin bewegst. Man kann das mit einem Examen an der Uni vergleichen. Hast du jahrelang dein Fach, sei es Wirtschaft oder Jura, studiert und bist allen Vorlesungen gefolgt, dann hast du ein großes Wissen und solltest das Examen schaffen. Hast du aber gar nichts gemacht, dann ist das Examen eine riesige Hürde."

SUCHTHILFE

WARUM UNS TIEFSCHNEE **GLÜCKLICH** MACHT UND WIE WIR DAFÜR SORGEN, DASS ES AUCH SO BLEIBT

DIE FRAGE:

Einen Berg auf einem oder zwei Brettern runterzufahren, ist absolut sinnlos. Trotzdem verbringen wir endlose Stunden im Auto, geben jeden Winter ein kleines Vermögen aus und nehmen fast jede Entbehrung in Kauf, nur um genau das immer wieder zu wiederholen. Warum also, zum Teufel, tun wir das?

DER GRUND:

Das erste Mal ist schuld, dass du süchtig bist. Denn genau, wenn du zum ersten Mal das Gefühl der Schwerelosigkeit erlebst, während bei jedem Turn der kalte Pulverschnee hinter dir meterhoch aufstaubt, bricht gleichzeitig eine Lawine in deinem Kopf los. Dann flutet Dopamin, das bekannte Glückshormon, dein Gehirn und trifft dich genau im Nucleus Accumbens, wie die Mediziner sagen, oder dem Belohnungszentrum in deinem Kopf. Die Folgen sind unumkehrbar. Du erlebst ein Glücksgefühl, so schön und so intensiv, dass du es immer wieder spüren willst – dein ganzes Leben lang. Kurz: Du bist stoked!
Übrigens kein neues Phänomen der modernen Freizeitgesellschaft. Denn diese reflexartige Dopaminausschüttung ist so alt wie die Menschheit selbst. Schon als die Menschen noch in Höhlen lebten, spürten sie eine Welle des Glücks über sich hereinbrechen, wenn ein Mammut nach tagelanger Hetzjagd endlich tot vor ihnen im Gras lag. Sie waren gestoked von ihrem Erfolg und gingen wieder auf die Jagd – teils aus Hunger, teils auch wegen des Rausches.

DAS PROBLEM:

Viele Wissenschaftler denken, dass das High nach einer Line Kokain ebenfalls durch Dopamin ausgelöst wird, und je besser der Rausch, desto größer ist das Problem danach. Denn unser Körper gewöhnt sich rasend schnell an jeden neuen Reiz, und so wird dem Junkie die Euphorie schon nach der zweiten Line etwas blasser erscheinen als beim ersten Mal. Die einzige Lösung besteht in einer immer höheren Dosis, und schon beginnt der Teufelskreislauf.

Freeridern ergeht es ähnlich. Denn Dopamin beginnt nicht zu fließen, sobald wir ein bisschen Powder unter uns spüren. Nein, die Glückshormone haben ihren großen Auftritt, wenn wir uns in einem Zustand befinden, den der in Amerika lebende Glücksforscher mit dem komplizierten Namen Mihály Csíkszentmihályi in seiner Arbeit „Flow – der Weg zum Glück“ definiert hat. Laut ihm ist Flow: „Ein harmonisches Erlebnis, bei dem Körper und Geist mühelos zusammenwirken, bis sich das Gefühl einstellt, dass etwas ganz

WHERE THE MAGIC HAPPENS

YOUR COMFORT ZONE

Besonderes mit dir geschieht. Durch die völlige Konzentration auf das Handeln wird ein Zustand der Selbstvergessenheit erreicht, alltägliche Gedanken und Sorgen verschwinden und sogar das Zeitgefühl geht verloren.“ Allerdings kommt so ein Flow nicht einfach aus heiterem Himmel über dich. Nein, dieses Gefühl erlebst du nur, wenn du an dein Limit gehst. Wenn dein Können weder unter- noch überfordert wird, sondern gerade ausreicht, um eine Situation zu meistern.

Aber der Mensch wächst mit seinen Aufgaben, und wer einmal bei ein paar Turns neben der Piste im „Flow“ war, braucht das nächste Mal vielleicht schon einen unberührten Hang im Backcountry, um wieder genauso gestoked nach Hause zu gehen.

DIE LÖSUNG:

Routine ist das Ende vom Glück. Freestyler haben es daher vielleicht leichter. Ein einziger Park reicht aus, um ständig neue Tricks zu versuchen und so im „Flow“ zu bleiben. Freerider müssen dagegen Neuland erkunden, immer ein bisschen weiter ins Backcountry hiken und auf die Suche nach unbekannten Lines gehen. Denn der Kitzel, nie ganz genau zu wissen, was dich erwartet, reicht schon für einen gehörigen Schub Dopamin aus. Suchst du dann noch nach immer steileren und schwierigeren Lines je besser und erfahrener du wirst, ist dir Stoke so gut wie garantiert. Den ganzen Winter dagegen immer dasselbe Face zu fahren, wird von Tag zu Tag langweiliger.

PHYSIKALISCHE GRENZEN

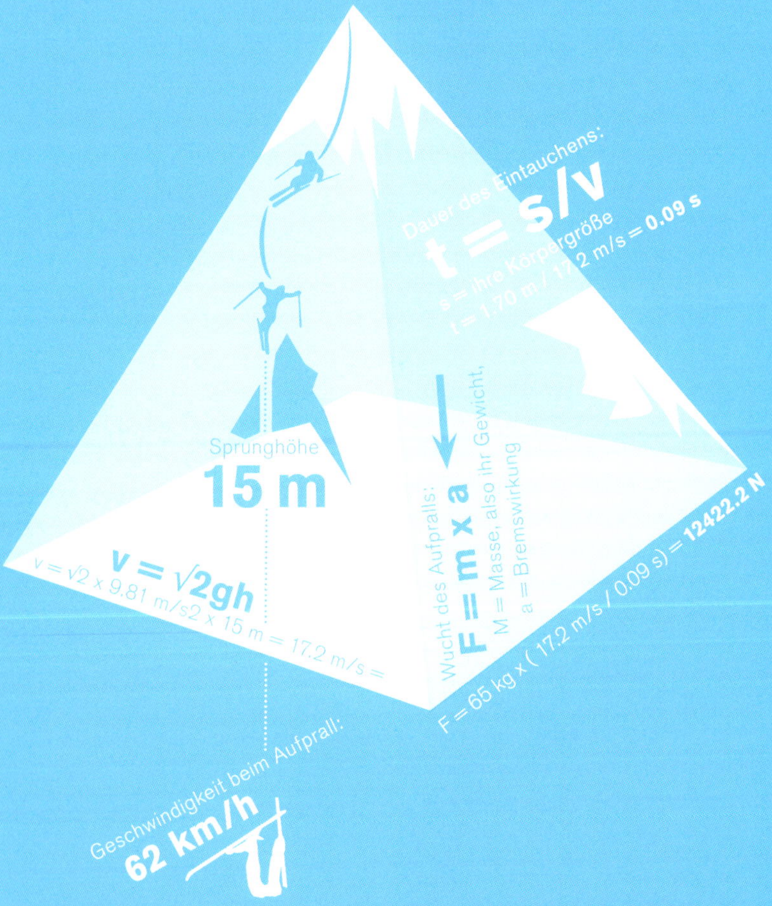

Als sich im März 2011 nach tagelangem Schneefall die Sonne zeigte, ahnte Rachael Burke nicht, dass sie sich an diesem Morgen mit einem übermächtigen Gegner anlegen würde: den Gesetzen der Physik. Aber vielleicht wäre es Rachael auch egal gewesen, wenn sie es gewusst hätte. Denn mit Mitte 20 hatte sich die Kalifornierin einen Ruf als Freeski-Pro erarbeitet, der sich in etwa so zusammenfassen lässt: Fährt härter Ski, springt höhere Backflips und feiert länger als viele Männer. Eben eine Frau, die gerne Gas gibt, so wie an diesem Morgen auf dem Peaked Mountain im Wyominger Skigebiet Grand Targhee. Ein Berg, dessen Vorderseite so steil und gleichmäßig abfällt, dass er wie eine schneeweiße Pyramide aussieht. Unterbrochen nur von einem schwarzen Band, das sich über die gesamte Breite zieht. Auf 15 Meter Höhe schätzte Rachael dieses Cliff – der Knackpunkt ihrer Line.

Wer sich das Video aus Rachaels Helmkamera ansieht, hört, wie ihr die Filmcrew am gegenüberliegenden Berghang über Funk grünes Licht gibt, einen Moment, bevor sie ihre Ski in die Falllinie dreht und in den Hang droppt. Der Neuschnee der vergangenen Tage war bei tiefen Minusgraden und praktisch ohne Wind gefallen. Das Ergebnis war so leichter Pulver, wie man ihn aus Skivideos kennt, wenn ein Rider bis zur Brust versunken durch den Schnee pflügt. Auf den Aufnahmen von Rachaels Helmkamera wird der Blick in die Tiefe immer wieder von Schneefontänen unterbrochen. Trotzdem ist zu erkennen, wie das Gelände vor dem Cliff steiler wird, Rachael noch einen letzten Turn macht und abhebt.

Vom Hang gegenüber sieht die Filmcrew Rachael in der Luft vor dem Felsband, ihre Landung und den Schnee unter der Wucht des Aufpralls als gewaltige Fontäne in den Himmel schießen. Als nächstes registrieren sie zwei Ski, die einzeln aus der Schneewolke nach unten rutschen, und dann, nachdem der Schnee sich gesetzt hat, sehen sie – nichts mehr: keine Rachael, keinen tiefen Krater, nichts. Als hätte sich die Skifahrerin in Luft aufgelöst.

IN RACHAELS FALL WAR DIE GLEICHUNG AUS SCHNEEDICHTE, SPRUNGHÖHE UND AUFPRALLWINKEL NICHT AUFGEGANGEN

Zu diesem Zeitpunkt sind die Bilder der Helmkamera vollkommen schwarz. Nicht etwa weil das Gerät kaputt ist. Nein, vielmehr weil kein Licht die Linse erreicht. Der Neuschnee war so leicht und locker, dass Rachael regelrecht in den Pulver eintauchte wie ein Turmspringer ins Wasser. Sie steckte so tief im Schnee, dass ihre Hand gerade noch an der Oberfläche zu sehen war, wenn sie einen Arm nach oben ausstreckte. Glücklicherweise bekam sie in ihrem engen Gefängnis genug Luft. Denn es dauerte insgesamt elf Minuten, bis andere Rider zu Rachael abgefahren waren und sie ausgegraben hatten.

In diesem Fall war die Gleichung aus Schneedichte, Sprunghöhe und Aufprallwinkel nicht aufgegangen. Aber wer weiß so etwas schon vorher...

FELSENKUNDE

mit Sebastian Hannemann

WIE SIEHT **DER PERFEKTE CLIFFJUMP** AUS? SEBASTIAN HANNEMANN MUSS ES WISSEN. DER DEUTSCHE FREESKIER LÄSST BEI SEINEN RUNS AUF DER FREERIDE WORLD TOUR KAUM EIN FELSBAND AUS UND STÜRZTE SICH 2011 IN ST. MORITZ SCHON 32 METER IN DIE TIEFE.

Mein bisher höchstes Cliff. Da war mir aber klar, dass ich diese Höhe nicht sauber stehen kann. Geplant hatte ich, auf den Skiern zu landen und mich dann nach hinten kippen zu lassen. In der Luft habe ich aber gemerkt, dass mich der Luftwiderstand meiner breiten Ski so nach hinten drückt, dass ich sowieso schon Rückenlage bekam. Der Einschlag war eher unangenehm – in etwa wie vom Fünf-Meter-Brett komplett flach aufs Wasser zu knallen.

❶ ANFAHRT:

Wenn du losfährst, hast du das Wichtigste schon hinter dir: Du hast dein Cliff gefunden! Du hast die Felswand von unten studiert, weißt wie weit du fliegen wirst, haargenau wo du abspringen musst, um die Landung zu treffen, und bist dir sicher, dass die Schneedecke dick genug ist, um dich aufzufangen. Denn in der Anfahrt siehst du vor dir nur die Kante, an der der Schnee aufhört und das Nichts beginnt. In 99 Prozent der Fälle springst du völlig blind und musst darauf vertrauen, dass eine sanfte Landung auf dich wartet. Daher ist pures Selbstvertrauen auch der Knackpunkt bei Cliffs. Sobald du Zweifel oder nur einen Hauch Angst hast, wirst du dich in der Luft „hinten reinsetzen" und mit Rückenlage keine Chance haben, den Sprung sauber zu stehen.

❷ ABSPRUNG:

Der perfekte Absprung ist eine Schneenase, die genau bis zur Abbruchkante reicht. So kannst du locker „drüberfahren" und dich ganz darauf konzentrieren, neutral über dem Ski zu stehen. Wenn Steine aus dem Schnee ragen, ist das schlecht. Dann musst du vorspringen, und das kann den Sprung ziemlich instabil machen. Viele begehen auch den Fehler, dass sie sich oben an ein Cliff stellen und einfach ohne Schwung einen Drop nach unten machen. So schlägt man aber ein Bombhole und hat keine Chance, das Cliff zu landen. Wichtig ist, dass aus dem Springen kein Fallen wird, also besser mit etwas Tempo über den Absprung gehen.

3 IN DER LUFT:

Für mich ist die Höhe eines Cliffs allein nicht ausschlaggebend. Ein Zehn-Meter-Cliff mit einer steilen Landung kann viel leichter und sanfter zu springen sein als ein Fünf-Meter-Felsen mit flacher Landung. Wer aber auf der Freeride World Tour ein Cliff nicht sicher landet, der hat keine Chance, vorne mit dabei zu sein. Schon Backslap- oder Backseat-Landungen mit dem Rücken oder dem Hintern im Schnee kosten eine Menge Punkte. Deshalb werden auf der Tour kaum höhere Cliffs als zwölf Meter gesprungen. Es gibt aber auch Ausnahmen: etwa das Hollywood-Cliff am Bec des Rosses in Verbier. Das hat sicher 15 Meter Höhe, Absprung und Landung sind aber so steil, dass es sich fast anfühlt, als würde man nur drüber fahren. Schwierig ist, dass du danach das Tempo wieder kontrolliert rausnimmst. Denn wer da stürzt, fliegt über die nächsten Felsen.

4 LANDUNG:

Optimal ist nach meiner Erfahrung, direkt unterhalb der Felsen zu landen. Da gibt es meistens einen ‚Sweet Spot': einen wirklich steilen Teil in der Landung, bevor es flacher wird. Wie viel Speed du brauchst, um genau diesen Punkt zu treffen, ist reine Erfahrungssache. Über die optimale Position beim Landen streiten sich die Geister. Manche sagen, die Ski sollten genau parallel zur Schneeoberfläche sein, die Skispitzen also etwas nach unten zeigen. Andere sagen: Nicht ganz parallel, sondern einen Tick flacher, so dass die Skienden zuerst aufsetzen. Entscheidend für eine saubere Landung ist, dass du mit dem Körper aktiv mit dem Sprung und dem Cliff mitgehst – sonst bekommst du unweigerlich Rückenlage. Dann nur noch Muskeln anspannen und den Impact abwarten.

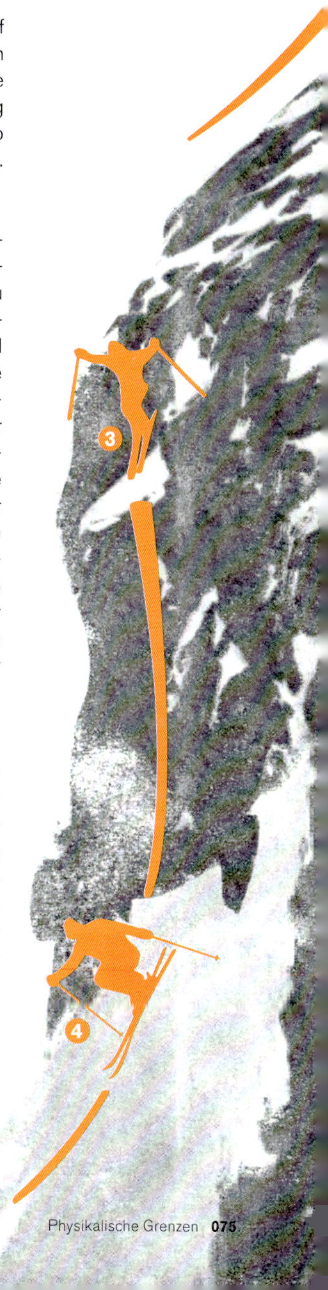

CRASHKURS

mit Teddy Berr

„IF YOU DON'T FALL, YOU DON'T PUSH HARD ENOUGH!", MEINTE EINMAL DER FÜR ENORME BACKFLIPS BEKANNTE US-FREESKIER SETH MORRISON. „DA IST WAS WAHRES DRAN", SAGT DER AUS ETLICHEN VIDEOS FÜR NACKTE TATSACHEN BEKANNTE FREESKIER TEDDY BERR AUS MÜNCHEN. DOCH WIE FÜHLT ES SICH AN, WENN DU BEIM TESTEN DER EIGENEN LIMITS ÜBERTREIBST? TEDDY WEISS ES!

TOMAHAWK:

Der Klassiker: Ein Shark versteckt sich im unberührten Powder, du gibst Vollgas und – Bang! Du hörst wie Stahlkanten auf Stein treffen, spürst den Zug unter den Füßen, fliegst nach vorne und fängst an, dich zu überschlagen. Ist der Hang schön steil, wirst du bei jeder Umdrehung schneller, irgendwann lösen dann die Bindungen aus, fliegt die Goggle weg und vielleicht sogar deine Klamotten. Es gibt Videoaufnahmen von einem Crashopfer, dem durch die Rotationskräfte beim Tomahawken die Jacke über den Kopf gezogen wurde.

Wenn es dich erwischt, kannst du wenig tun. Manchmal denkt man nach so einem Sturz: Warum habe ich nicht wenigstens meinen Kopf mit den Armen geschützt oder die Muskeln im Nacken angespannt? Aber ehrlich gesagt fühlst du dich wie in einer riesigen Waschmaschine, und alles geht so schnell, dass du gar nicht realisierst, was mit dir passiert. Kurz: Sich schön gestreckt völlig ohne Gegenwehr der Schwerkraft hingeben, ist alles, was du tun kannst.

BOMB HOLE:

Beim Landen eines hohen Cliffs einfach einzuschlagen und einen Krater zu hinterlassen, galt vor zehn Jahren fast als gestanden. Damals wurden solche „Hip-Checks", bei denen man seitlich mit dem Körper im Schnee aufkommt, als Landetechnik verkauft. Vor allem bei mehreren Felsbändern hintereinander, wenn man ein Cliff droppen, aber nicht gleich danach über das Nächste fliegen wollte, waren Hip-Checks beliebt. Einfach um abzubremsen und die Kontrolle zu behalten. Heute ist das verpönt, jetzt sollten nur noch deine Ski im Schnee landen und nicht der ganze Körper.

Bei richtig hohen Cliffs, bei denen ich weiß, dass ich das nie stehen werde, weil es so hoch und die Landung nicht steil genug ist, mache ich manchmal noch ganz bewusst einen Hip-Check. Bei viel Tiefschnee kann das ein Riesenspaß sein.

KONTROLLVERLUST:

Viel ist nicht mehr zu retten, wenn du merkst, dass du beim Sprung von einer Wechte, über ein Cliff oder einen Kicker die Kontrolle verlierst. Einmal in der Luft kannst du nicht mehr viel tun. Ein bisschen „Rolling-down-the-windows", also verzweifelt mit den Armen rudern, ändert wenig an der Flugkurve und geschieht sowieso ganz reflexartig. Besser gleich auf den Einschlag vorbereiten, jede Muskelfaser anspannen und sich dem Impact aktiv entgegenstemmen. Stell dir einfach vor, du wärst ein Wrestler, der sich von den Seilen in die Ringmitte stürzt, und der Schnee ist dein Gegner, den du zermalmen willst.

OVERSHOOTEN:

Der Worst Case! Es gibt kaum etwas Unangenehmeres, als über die Landung hinauszufliegen und im Flat zu zerschellen. Mein legendärster Overshoot war 2010 bei den ‚Nine Knights', als ich auf die Idee kam, nackt über den 40-Meter-Kicker zu segeln. Unterschätzt hatte ich, wie viel geringer der Luftwiderstand ohne Klamotten ist. Ich hatte nicht mehr Anlauf als bei meinen Sprüngen zuvor, doch kaum war ich abgehoben, wusste ich: Das geht weiter als geplant! Ich habe dann ganz langsam den Superman-Frontflip eingedreht, ahnte dabei aber schon, dass der Sprung nicht gut ausgehen würde. Über dem Landepunkt hatte ich dann noch einen Luftstand, der dem zweiten oder dritten Stock entsprach. Die Wucht des Einschlags im Flachen war so gewaltig, dass ich gleich wieder ausgehoben wurde und mich zweimal überschlagen habe.

NACHWIRKUNGEN:

Bomb Holes oder Tomahawks bleiben meistens ohne Folgen. Das größte Risiko sind dabei versteckte Felsen in der Landung unter einem Cliff oder einer Wechte. So ein Erlebnis hatte ich Weihnachten 2012 bei einem Drop von einem Drei-Meter-Cliff, obwohl ich vorher sogar die Landung sondiert hatte. Beim zweiten Sprung bin ich voll auf dem Rücken gelandet – genau auf einem Felsen. Mein Rucksack hat den Großteil des Schlags abgefangen, trotzdem lag ich erstmal nur da und bekam kaum Luft. Danach war ich eine Woche außer Gefecht, weil meine Rückenmuskulatur komplett „zugemacht" hat. Mehr ist zum Glück nicht passiert.

Overshooten ist dagegen immer unangenehm. Nach meinem Naked Superman-to-Flat fühlte ich mich, als ob ich unter eine Straßenwalze geraten wäre. Die Muskulatur war tagelang so verkrampft, dass ich vor Schmerzen nicht mal schlafen konnte. Haut verloren habe ich allerdings nicht, obwohl man das bei der Rutschpartie hätte erwarten können.

GRADWANDERUNG

WANN IST STEIL ZU STEIL UND ANDERE **FRAGEN RUND UMS GEFÄLLE**

DIE 70-GRAD-GRENZE:

Steilwände jenseits der 65-Grad-Marke gelten als nicht befahrbar. Ein paar wenige Ausnahmen gibt es dennoch. Zum Beispiel:

2004 bezwang Robb Gaffney, der zu den Ski-Legenden in Tahoe zählt, ein kurzes, aber bis zu 70 Grad steiles Spine-Face. Dabei landete er nach jedem Jump-Turn etwa drei Höhenmeter tiefer. Dass überhaupt Schnee auf den Felsen lag, war einer Schlechtwetterfront zu verdanken, bei der der Niederschlag langsam von Regen zu Schnee überging. So entstand eine extrem kompakte und stabile Grundlage.

GRAD VS. PROZENT:

Die Steilheit eines Hanges kann in Grad und Prozent gemessen werden. Freerider sprechen grundsätzlich von Grad. Skigebiete, die mit extremen Pisten werben, nutzen oft Prozent. So hat die steilste Piste Österreichs, die Harakiri im Zillertal, ein Gefälle von 78 Prozent. Umgerechnet sind das knapp 38 Grad, was weniger spektakulär klingt. Kleine Umrechnungshilfe: 25 Grad = 47 Prozent, 35 Grad = 70 Prozent, 45 Grad = 100 Prozent.

75°: Circa das maximale Gefälle, bei dem Schnee noch an einem Hang „kleben“ kann.

70°: Vereinzelt dokumentierte Skibefahrungen kurzer Steilstücke.

62°: Grenze, an der viele Extrem-Skifahrer sagen, dass es schwer wird, noch genug Kraft auf die Kanten zu bekommen, um nicht abzurutschen.

55°: Maximales Gefälle ein paar legendärer Chamonix-Routen wie Jager Couloir oder Mallory Couloir.

45°: Speed-Skipiste in Vars, auf der schon 248 km/h erreicht wurden.

40°: Hänge ab diesem Gefälle werden im Lawinenlagebericht als „extrem steil" bezeichnet.

38°: „Harakiri", die steilste Piste Österreichs.

35° bis 38°: Neigung der Anlaufspur einer Skisprungschanze.

22°: Pisten ab dieser Neigung sind in den Alpen „schwarz" markiert.

14°: Durch DIN-Norm festgeschriebenes Maximal-Gefälle einer leichten, blau markierten Piste in den Alpen.

GRADMESSER:

Steilheit lässt sich messen – vier Ansätze dazu:

Nerd: Per iPhone punktgenau, zum Beispiel mit den kostenlosen Apps Mammut Safety oder White Risk.

Materialfetischist: Exakt per Gradmesser – gibt es im Kompass integriert, als kleine Karte mit Pendel und Gradskala, nach dem Prinzip einer Miniatur-Wasserwaage oder als digitalen Neigungsmesser.

Purist: Nutzt zur recht genauen Annäherung nur seine Ski- oder Tourenstöcke, wobei es verschiedene Methoden gibt. Die vielleicht einfachste: Einen Stock bis zum Teller senkrecht in den Schnee stecken. Den zweiten Stock dann im 90 Grad-Winkel dazu halten und horizontal verschieben, bis die Skistockspitze den Schnee und der Griff den senkrechten Stock berührt. Je weiter oben sich die beiden Stöcke kreuzen, desto steiler der Hang. Bei einem Kontaktpunkt am Griff beträgt die Neigung 45 Grad, bei Dreiviertel der Stocklänge 37 Grad und in der Mitte circa 27 Grad.

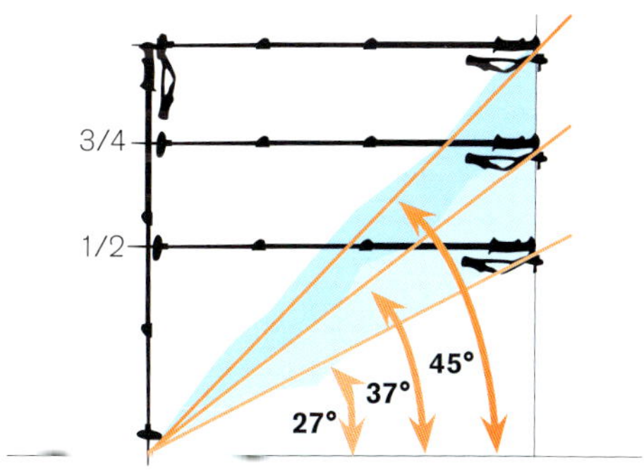

Guru: Misst nicht, sondern weiß, wie steil ein Hang ist. Die Genauigkeit variiert allerdings stark mit dem individuellen Können. Als erster Anhaltspunkt gilt allgemein: Ab 30 Grad machen Tourengeher im Aufstieg Spitzkehren, und stark felsdurchsetztes Gelände ist über 40 Grad steil.

STEILWANDKURS

mit Glen Plake

ES IST 30 JAHRE HER, SEIT GLEN PLAKE BESCHLOSS ZU TESTEN, WAS AUF SKIERN MÖGLICH IST. HEUTE HAT SICH DER KALIFORNIER MIT DEM IROKESEN DEM STEILWANDFAHREN ÜBER CHAMONIX VERSCHRIEBEN UND WEISS, WORAUF ES **IM ANGESICHT DES ABGRUNDS** ANKOMMT.

Lektion 1: Steil ist nicht gleich steil! Eine 50-Grad-Rinne kann mit Firn ein Riesenspaß sein und nur einen Tag später völlig vereist zum schwierigsten Run deines Lebens werden. Auf einem vereisten Face können schon 40 Grad ausreichen, damit von jedem Turn dein Leben abhängt. Beim Steilwandfahren geht es eben nicht nur um Gradzahlen, sondern vielmehr um die richtigen Schneebedingungen.

Lektion 2: Du musst eine Route klettern können, wenn du sie fahren willst. Auf dem Weg nach oben bekommst du so auch die einmalige Chance, Schritt für Schritt zu studieren, was dich später erwartet. Ich glaube auch, dass es wichtig ist, zu spüren, ob du dich beim Klettern in einer Route wohlfühlst oder nicht. Kommst du beim Aufstieg an deine Grenzen, bist du im falschen Terrain unterwegs. Um eine richtig steile Line zu fahren, auf der bei einem Fehler echte Konsequenzen drohen, solltest du die Route meiner Meinung nach frei und ohne Seil klettern können. Denn so eine Abfahrt ist nichts anderes als eine Free-Solo-Klettertour – nur in die entgegengesetzte Richtung.

Lektion 3: In steilem Gelände auf hartem Schnee bleibt dir nur ein kurzer Augenblick, um einen Sturz mit deiner Eisaxt zu stoppen. Denn sobald du fällst, nimmst du in einem Sekundenbruchteil ein Höllentempo auf. Ich hatte bisher zwei solche „Ausrutscher". Einmal verlor ich beim Überqueren einer Wechte plötzlich den Halt. Zum Glück hatte ich meine Eisaxt in der Hand und konnte sie sofort in den Schnee rammen. Mein ganzes Gewicht hing dann an dem Pickel, aber ich rutschte nicht weiter. Ansonsten hätte dieser Sturz mein letzter sein können.

Das zweite Mal passierte es in einer Rinne, die halb im Schatten und halb in der Sonne lag. Zuerst fuhr ich ein paar Turns in der Sonne. Der Schnee war hart aber griffig und angetaut genug, dass sich ein dünner Wasserfilm auf Kanten und Belag meiner Ski bildete – was mir aber erst später bewusst werden sollte. Dann bin ich in den schattigen Bereich gekommen, wo der Schnee lockerer und natürlich viel kälter war. Auf meinen noch nassen Skikanten bildeten sich durch den Kontakt mit dem kalten Schnee Eiskristalle. Als ich dann wieder in den sonnigen Teil der Rinne fuhr, verlor ich sofort den Halt. Die Kanten waren so vereist, dass ich einfach keinerlei Grip mehr hatte. Ich rauschte in dem Couloir sicher 100 Meter pfeilschnell und kerzengerade in die Tiefe – vollkommen unfähig, irgendetwas dagegen zu tun oder gar anzuhalten. Musste ich auch nicht, im Auslauf warteten keine Felsen oder Cliffs, sondern nur ein weites Schneefeld.

Lektion 4: In den 80er Jahren fuhr eigentlich niemand steile Rinnen im Winter. Man war in Bezug auf die Lawinengefahr konservativer und wartete den richtigen Zeitpunkt für eine Line ab. Jetzt wird immer öfter ausgelotet, was in Bezug auf die Schneebedingungen möglich ist. Früher war deine Skitechnik entscheidend, weil du dir auf dem harten Schnee keinen Fahrfehler erlauben durftest. Heute stürzt du nach einem Crash im Powder nicht unbedingt ab, dafür darfst du dir beim Einschätzen der Schneedecke keinen Fehler erlauben.

Lektion 5: Wenn du einen Zehn-Meter-Hang mit 50 Grad geschafft hast, heißt das nicht, dass du auch einer 200-Meter-Rinne mit 50 Grad gewachsen bist. Das ist wie vom Rand eines Cliffs in die Tiefe zu blicken. Da schreit jede Faser deines Körpers nach Flucht und du musst mental stark genug sein, diesen Urinstinkt zu überwinden. Denn während der Abfahrt musst du dich bei jedem Turn mit Kopf und Körper nach vorne in den Abgrund bewegen. Wenn du nur einmal der Angst nachgibst und dich zu sehr Richtung Hang lehnst, verlierst du am Ende den Halt.

GRAVITATIONS-KONTROLLE

mit Max Zipser

WIE FÜHLT SICH **„VERDAMMT STEIL“** EIGENTLICH AN?

Start: Zum Jager Couloir waren wir Anfang März unterwegs, recht früh in der Steilwandsaison. Deshalb mussten wir aber nicht mitten in der Nacht aufbrechen, da es ausreichte, die Abfahrt erst mittags anzugehen. Später im Frühjahr muss man sich wegen der tageszeitlichen Erwärmung mehr beeilen. Allerdings nicht wegen den Schneeverhältnissen. Die meisten dieser Steilrinnen sind so nach Norden ausgerichtet, dass sich der Schnee kaum verändert. Vielmehr nimmt der Steinschlag mit den steigenden Temperaturen und der Sonneneinstrahlung zu. Vor allem in solchen engen Rinnen ist diese Gefahr nicht zu unterschätzen, weil die Fels- oder Eisbrocken meistens genau in der Rinne nach unten stürzen. Ein Helm ist daher beim Aufstieg Pflicht.

Hoch: Zuerst mit der Seilbahn direkt von Chamonix auf die Aiguille du Midi, dann eine kurze Abfahrt, weiter mit Fellen etwa 30 Minuten bis zum Jager Couoir aufsteigen und schließlich mit Steigeisen und Eispickel circa zweieinhalb Stunden Schritt für Schritt die Rinne 700 Meter nach oben. Die ganze Zeit gehst oder stehst du dabei mit Vorlage, vor Angst sonst aus der Wand zu fallen. Auch den Rucksack abnehmen wird zu einer psychischen Belastung. Das machst du höchstens ein- oder zweimal und dann wie in Zeitlupe. Sicherungen verwenden wir dabei praktisch nie. Das kostet zu viel Zeit. Im Jager Couloir war eineinhalb Stunden vor uns eine Bergsteigergruppe aufgestiegen, die allerdings Sicherungen verwendete. Die waren sicher sechs Stunden unterwegs und wir haben sie schon auf halber Strecke überholt. Eisschrauben und Standplätze dauern einfach. Die Alternative wäre, sich in der Gruppe anzuseilen und keine fixen Sicherungen zu verwenden. Das bringt in Wirklichkeit aber nicht viel. Wenn ich mir vorstelle, dass einer aus der Gruppe abrutscht, dann würde so ein enormer Zug auf dem Seil lasten, dass ich den Stürzenden wohl kaum halten könnte.

Runter: Mich reizt es, ein Couloir wie das Jager nicht nur runterzurutschen, sondern flüssig, so „freeride-mäßig“ wie möglich zu fahren. Dabei gilt aber immer: Tempokontrolle geht über alles, und je steiler, desto kleiner dein Spielraum. Vollspeed und Freeride-Style gehen noch bei 45 Grad mit gutem Schnee und einem Auslauf, den du schon anpeilen kannst. Ab 50 Grad beginnt ein neues Level. Wenn ich da auf der Frontside-Kante stehe, ist der

Jager Couloir: Über Chamonix gelegen, 700 Meter lang, eng und 50 bis 55 Grad steil

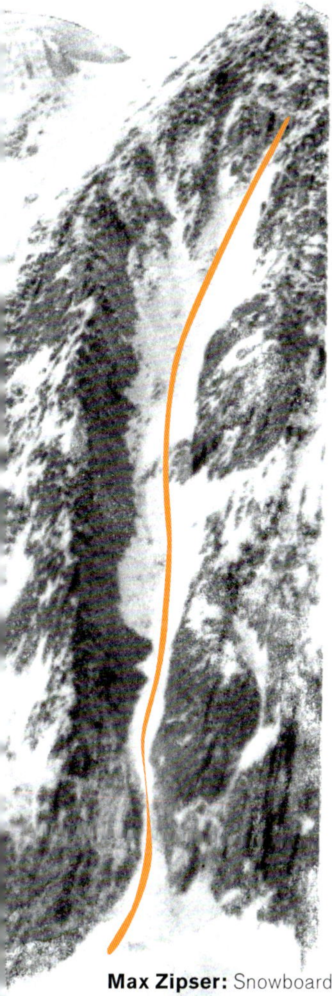

Schnee so nah, dass ich meinen Arm in Schulterhöhe nicht mehr ausstrecken kann. Da machst du nur noch absolut kontrollierte Schwünge, um das Tempo jederzeit wieder rausnehmen zu können. 55 Grad sind dann so steil, dass du dich wie auf rohen Eiern bewegst.

Skifahrer haben zwei Kanten mehr zur Verfügung und dadurch mehr Grip – vor allem bei härteren Bedingungen. Ich habe schon oft erlebt, dass man als Snowboarder mit demselben Tempo deutlich länger braucht, um abzubremsen. In engen, nur drei oder vier Meter breiten Rinnen habe ich auf dem Snowboard Vorteile, weil ich leichter driften und so Turns enger fahren kann. Für Snowboarder ist aber auch der Unterschied zwischen Front- und Backside enorm. In so steilen Couloirs wie dem Jager ist es praktisch unmöglich, auf der Backside-Kante richtig abzubremsen oder anzuhalten. Das geht nur auf der Frontside-Kante. Deshalb denke ich auch immer bis zum nächsten Frontside-Turn voraus und achte darauf, die Kanten nicht zu hart zu belasten. „Smooth bleiben“ lautet die Devise, damit die Kanten schön führen und bloß nicht ins „Rattern“ kommen. Noch schlechter wäre es, auf das Blankeis unter dem Schnee durchzukommen oder einen Felsen zu treffen. Einen kleinen Schlag gleichst du vielleicht noch aus, wenn es dich aber aushebt, hast du verloren. Schon bei 40 Grad wirst du nach einem Tomahawk lange nicht zum Stehen kommen, und wenn es noch steiler ist, hebst du regelrecht ab. Dann stürzt du, bis es flacher wird. Am Schluss wartet dann noch der Bergschrund, der eine extrem tiefe Spalte sein kann. Da reinfallen will wirklich niemand. Drüberspringen ist eine gute Möglichkeit, wenn es nicht breiter als vier Meter und nicht zu zerklüftet ist. Ansonsten eben langsam und vorsichtig dem Weg folgen, den du nach oben genommen hast.

Max Zipser: Snowboard-Pro mit zahlreichen Auftritten bei der Freeride World Tour und dem Hang zu alpinistischen Klettertouren und anschließenden Abfahrten in steilstem Gelände.

LEISTUNGSSTEIGERUNG
TEIL 1

mit Christian Haas von POWRide

FREERIDE-PROFIS WIE SEBASTIAN HANNEMANN ODER DER INNSBRUCKER FABIAN LENTSCH SCHWÖREN AUF DIE POWRIDE-TRAININGSPLÄNE VON CHRISTIAN HAAS, UM **TOPFIT FÜR EINEN WINTER** VOLLER WETTKÄMPFE UND VIDEODREHS ZU SEIN. KLAR, DASS CHRISTIAN ALS SPORTWISSENSCHAFTLER JEDE FRAGE ZUM THEMA SAISONVORBEREITUNG BEANTWORTEN KANN.

Wer braucht's? Jeder Freerider, der nicht nach dem ersten Tiefschneehang unter seinen brennenden Oberschenkeln leiden will.

Was bringt's? Ein Wettkampf-Run dauert nur knapp zwei Minuten, hat es aber mit technisch anspruchsvollem Gelände und großen Sprüngen in sich. Trainiert haben die Profis genügend Energie, um von oben bis unten Vollgas zu geben. Außerdem erholen sie sich nach einem Tag am Berg schneller und haben am nächsten Morgen wieder 100 Prozent ihres Leistungsvermögens zur Verfügung. Untrainierte müssen sich mit etwa 80 Prozent begnügen, weil ihnen der Vortag noch in den Knochen steckt. Dazu kommt für Profis, die teils irrsinnig hohe Cliffs springen, noch ein Gesundheitsaspekt. Denn um diese enormen Belastungen für Beine und Wirbelsäule abfangen zu können, muss ausreichend Muskulatur vorhanden sein.

Die richtige Saisonvorbereitung merken allerdings nicht nur Profis. Plötzlich kannst du am besten Tag des Winters wirklich der Erste am Lift sein, den ganzen Tag durchfahren und als Letzter heimgehen. Die Liftfahrten reichen dir zur Erholung. Außerdem wirkt sich körperliche Fitness auch auf deine Performance aus. Zwar wird deine Fahrtechnik nicht besser, aber durch mehr Kraftreserven exakter. So fährst du kraftvoller und hast auch für anspruchsvolle Lines genügend Selbstvertrauen. Wer sich schwach auf den Beinen fühlt, geht Herausforderungen eben eher aus dem Weg. Außerdem wird jemand, der den ganzen Sommer nur im Büro saß, nach dem ersten Skitag einen Muskelkater haben, der sich gewaschen hat.

Ausdauer oder Kraft? Beides ist wichtig. Grundlagenausdauer hilft deinem Körper, sich schnell wieder zu erholen – von einem Tag auf den anderen oder während der Liftfahrt zwischen zwei Runs. Ziel sollte sein, dass du locker 45 Minuten am Stück joggen oder eine andere Ausdauersportart betreiben kannst. Mit den Profis versuche ich zudem noch, Energiereserven zu entwickeln, um die Grenzen ihrer Leistungsfähigkeit nach oben zu verschieben (siehe Seite 87). Denn so haben sie für den letzten Turn einer Line noch genauso viel Power wie beim Start.

In Bezug auf Kraft geht es beim Freeriden nicht nur um die Beine, sondern auch um einen fitten Core-Bereich im Körpermittelpunkt. Trainierte Bauch- und Rückenmuskeln sind die Vorraussetzung für Stabilität und Kontrolle bei hohem Tempo oder großen Sprüngen. Für mich absolut unverzichtbar sind deshalb auch spezielle Stabilisationsübungen für den Core-Bereich (siehe Seite 88). Außerdem lehne ich die klassischen Fitnessgeräte ab. Bei mir werden keine einzelnen Muskeln, sondern funktionelle Bewegungen trainiert. Ein Beispiel: Statt einer Beinpresse nehme ich zwei Hanteln und mache dann einbeinige Kniebeugen. So werden nicht nur die Oberschenkelmuskeln beansprucht, sondern gleichzeitig auch Bauch und Rücken.

Wie viel Zeit muss sein? Mit den Pros beginne ich im Mai mit fünf Trainingseinheiten pro Woche: dreimal Kraft und je einmal Grundlagenausdauer und Energieentwicklung. Insgesamt kommen so etwa zehn Stunden Training zusammen. Nach einem halben Jahr sind sie dann topfit und können ihr Training reduzieren, um mehr Zeit am Berg zu verbringen. Denn je länger man seine Fitness aufbaut, desto stabiler bleibt sie erhalten. Um das Optimum herauszuholen, stehen im Winter nur noch die Stabilisierungsübungen und eine Ausdauereinheit pro Woche auf dem Programm.

Ambitionierten Freeridern würde ich raten, einen aktiven Sommer mit Biken und Wandern zu verbringen und sich dann ab Oktober zwei Monate richtig auf die Saison vorzubereiten. Optimal wären etwa zwei Stunden Krafttraining und zwei Ausdauereinheiten à 45 Minuten pro Woche.

Bloß nicht: Glauben, dass du nach den ersten Skitagen genauso fit bist wie nach zwei Monaten Saisonvorbereitung. Denn das Training im Herbst ist viel zielgerichteter und daher effektiver. Skifahren oder Snowboarden alleine kann das nicht ersetzen.

LEISTUNGSSTEIGERUNG TEIL 2: **AUSDAUER**

DER SCHLÜSSEL ZU MEHR **LEISTUNGSRESERVEN**, WENN ES DARAUF ANKOMMT

GRUNDLAGENAUSDAUER:

Start: Je nach Vorliebe Laufschuhe oder Fahrrad wählen – den Freeride-Profis rate ich eher zum Bike, da deren Knie im Winter schon genug Belastungen schlucken müssen. Dann legst du los und zwar möglichst mit der gleichen Intensität über einen längeren Zeitraum – also unterwegs nicht stehen bleiben.

Sich steigern: Schaffst du beim ersten Training vielleicht eine halbe Stunde, legst du beim nächsten Mal noch ein paar Minuten drauf. So steigerst du ständig deine Leistungsfähigkeit, bis du nach ein paar Wochen eine ganze Stunde durchhältst.

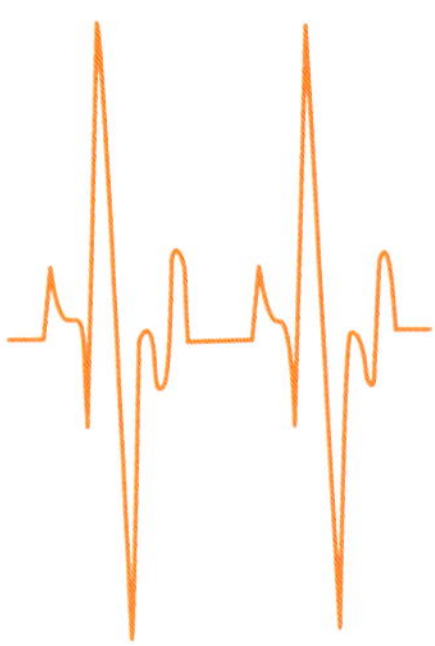

Bloß nicht: Zu intensiv, also in einem zu hohen Pulsbereich, trainieren. Ideal wäre, wenn du die gesamte Trainingseinheit locker durchläufst. Am besten so, dass du dich unterwegs noch unterhalten kannst. Nach exakten Pulswerten zu trainieren, empfehle ich nicht. Denn welcher Pulsbereich beim Training wirklich ideal ist, unterscheidet sich von Mensch zu Mensch. Den kann nur ein Arzt anhand der Laktatwerte genau bestimmen. Inzwischen kommen davon aber sogar professionelle Athleten ab, weil es bei den Pulswerten auch tageszeitliche Schwankungen gibt.

Zeitaufwand: Als Faustregel gilt, dass zwei Trainingseinheiten zwischen 45 und 60 Minuten pro Woche nötig sind, um deutlich fitter zu werden. Ich sage aber: Jede Minute Sport tut gut. Es ist Blödsinn, wenn irgendwo steht, dass Laufeinheiten unter 30 Minuten keinen Effekt haben. 15 Minuten sind besser als sich gar nicht zu bewegen.

LEISTUNGSGRENZE ERHÖHEN:

Vorrausetzung: Eine recht gute Grundlagenausdauer. 45 Minuten joggen am Stück sollten kein Problem sein.

Wie geht's? Zum Aufwärmen zuerst locker einlaufen oder –fahren. Dann gibst du richtig Vollgas: 30 Sekunden bis zu einer Minute lang holst du alles aus dir raus, etwa mit einem Bergsprint. Danach fünf Minuten erholen, aber nicht stehenbleiben, sondern langsam weiterlaufen oder –fahren. Das Ganze wiederholst du nun fünf- oder sechsmal

Bloß nicht: Denken, dass das ein Zuckerschlecken wird. Deine Leistungsgrenze zu erhöhen, ist hart und tut weh. Aber als Belohnung für diese Strapazen winken im Winter endlos lange Lines ohne auch nur einen Gedanken an brennende Oberschenkel verschwenden zu müssen.

LEISTUNGSSTEIGERUNG TEIL 3: **CORE-BEREICH**

MIT VIER ÜBUNGEN ZU **MEHR KRAFT, STABILITÄT UND KONTROLLE**

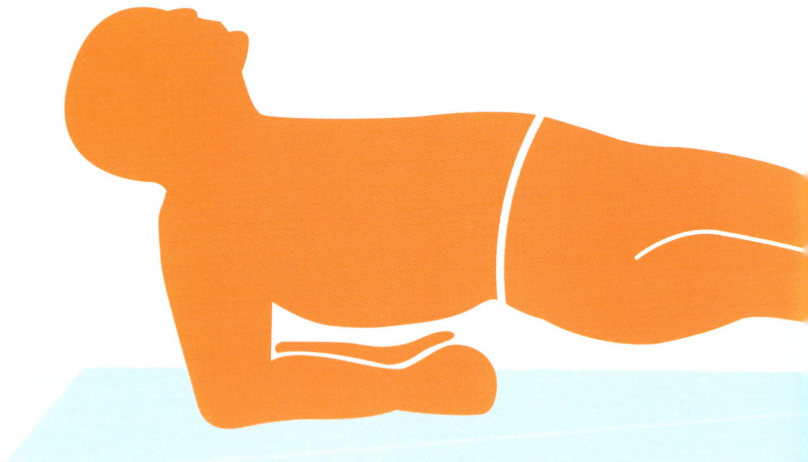

Wie geht's? Bei jeder der Übungen musst du an deine Grenze kommen. Also erst absetzen, wenn du die Position nicht mehr halten kannst, und dann gleich mit der nächsten Übung weitermachen. Dabei aber immer dem Motto „Qualität vor Quantität" treu bleiben und auf eine saubere Ausführung achten.

Zeitaufwand: Eine Trainingseinheit zur Stabilisierung des Core-Bereichs dauert nur zehn Minuten. Krafttraining ganz allgemein bringt schon sehr viel bei zwei Stunden pro Woche. Wenn du im Oktober beginnst und zusätzlich zum Core-Bereich noch fünf oder sechs Übungen für Rücken und Beine machst, bis du zum Saisonstart topfit.

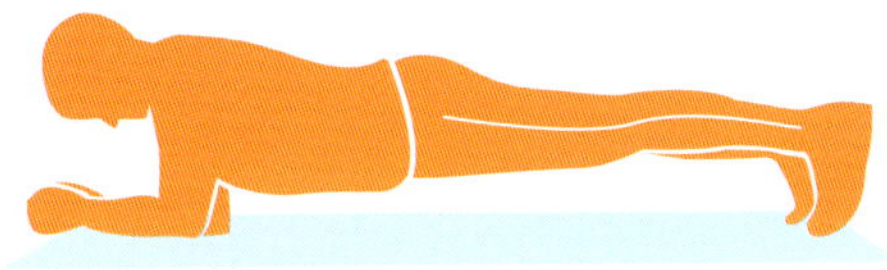

1. FRONTSTÜTZ

Ja: Ellbogen direkt unter den Schultern, Beine recht weit auseinander.
Nein: Hohlkreuz

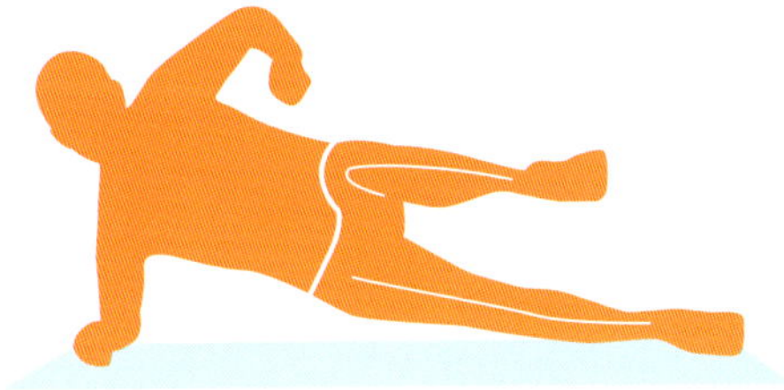

2. SEITSTÜTZ

Ja: Brust raus. Mental-Trick: Stell dir vor, du balancierst eine Kaffeetasse auf deinem Knie.
Nein: Körperlängsachse verdrehen.

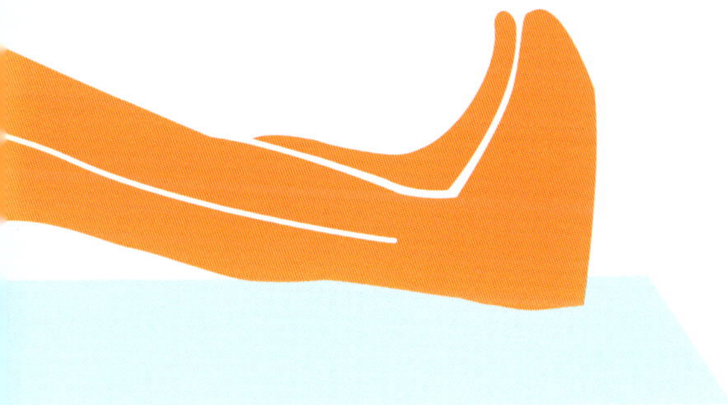

3. RÜCKSTÜTZ

Ja: Ellbogen unterhalb der Schultern, nur auf Fersen und Unterarmen abstützen, Knie ganz leicht gebeugt.

4. SIT-UPS

Ja: Hüft- und Kniegelenke im 90-Grad-Winkel halten, kleine Bewegungen.
Nein: Oberkörper komplett ablegen.

FELSENKUNDE XXL

mit Julian Carr

WIE FÜHLT SICH EIN **SUPERMAN-FRONTFLIP** VON EINEM 64-METER-CLIFF AN? JULIAN CARR WEISS ES! DENN DER AMERIKANER AUS SALT LAKE CITY HAT EINE NISCHE IM FREESKI-ZIRKUS BESETZT, DIE AUSSER IHM NIEMAND HABEN WOLLTE.

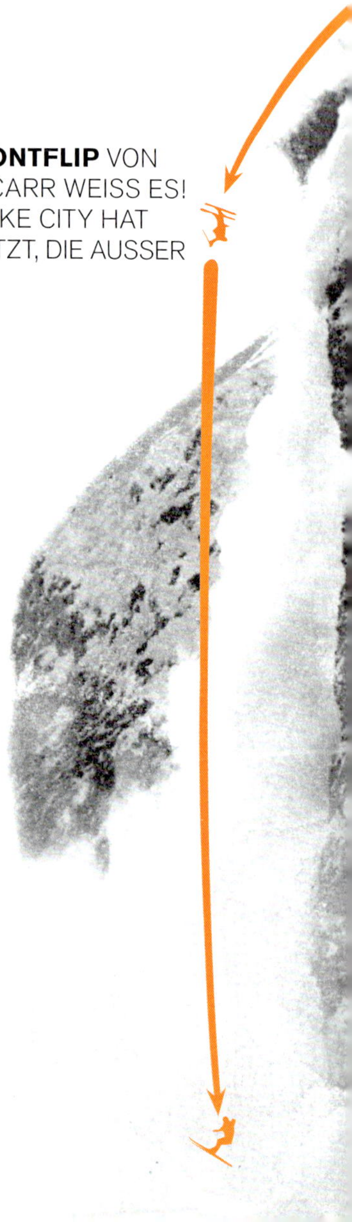

Er wirft sich über so unmöglich hohe Cliffs, dass als Bildunterschrift auch schon „This is no base jump" zu lesen war. Sein bisher tiefster Fall: 64 Meter, Februar 2006 in Engelberg.

„Solche Riesencliffs zu springen ist für mich wie eine Partie Schach mit dem Berg – ich darf keinen Fehler machen, um am Ende Sieger zu sein. Als erstes schaue ich mir die Landung an: Ist sie steil genug? Dann suche ich den ganzen Bereich mit der Lawinensonde ab, ob irgendwo Felsen unter dem Schnee lauern. Als nächstes studiere ich das Cliff selbst: Ist es senkrecht oder muss ich schnell sein und weit nach vorne fliegen, um die Landung zu treffen. Als letztes kommt der Absprung dran. Ist er einfach anzufahren und gut zu treffen? Wenn all diese Punkte zu 100 Prozent passen, bin ich bereit für das Cliff. Das ist ein Zustand, den ich als fast meditativ beschreiben würde – völlig im Einklang mit mir, meinem Körper, der Natur um mich herum und dem bevorstehenden Sprung. Aufregung? Fehlanzeige – nicht einmal mein Herz schlägt schneller!

Die Voraussetzungen in Engelberg waren ideal. Der Winter war schneereich, die Unterlage schon meterhoch, und dann schneite es auch noch zwei Tage ohne Unterbrechung. Am nächsten Morgen war alles von einem Meter lockerem Neuschnee bedeckt, als ich oberhalb des Cliffs

meine Ski in die Falllinie drehte und mich leicht mit den Stöcken abstieß. Was dann kam, hatte ich allerdings nicht erwartet: Die Welt unter mir war so winzig klein, so unglaublich weit weg, so viel weiter als bei allen anderen Cliffs, von denen ich je gesprungen bin. Dieser Anblick ließ mich regelrecht erstarren, die Zeit schien still zu stehen, während ich regungslos in die Tiefe fiel. Dann, im nächsten Sekundenbruchteil, kam die Angst. Habe ich den Frontflip zu schnell eingeleitet? Werde ich überdrehen und Kopf voraus einschlagen? Als ich gegen die Drehung kämpfte, verzweifelt versuchte den Flip zu verlangsamen, da passierte etwas Komisches: Plötzlich wurde meine Atmung immer schneller, und aus meiner Kehle drangen seltsame Töne. Ich weiß nicht, was da los war, normalerweise bin bei Cliffjumps immer total entspannt. Vielleicht ging mein Körper davon aus, dass ich gleich sterben würde. „Ganz ruhig Julian“, sagte ich mir, und drehte den Flip langsam weiter, bis die 360 Grad fast vollendet waren. Automatisch spannte ich als Vorbereitung auf den Aufprall alle Muskeln an. Aber nichts geschah, noch immer hatte ich den Erdboden nicht erreicht. Einen kurzen Moment noch, dann berührten meine Ski den Schnee – Einschlag! Klar bin ich nicht sauber gelandet, sondern mit Rückenlage, um die Wucht des Aufpralls auf meinen ganzen Körper zu verteilen. Aber der frische Pulverschnee war so locker, dass ich kaum einen Widerstand oder Aufprall spürte. Als ob mich ein fremdes Wesen aufsaugen würde, tauchte ich komplett ins bodenlose Weiß ein. Plötzlich war alles vorbei, und ich saß lauthals lachend in dem mannstiefen Loch, das mein Einschlag in den Schnee geschlagen hatte.

64 METER HÖHE ENTSPRECHEN IN ETWA EINEM SPRUNG AUS DEM 15. STOCKWERK

Gelernt habe ich bei diesem Sprung, dass es nur auf deine mentale Stärke ankommt, dann sind auch noch höhere Cliffs möglich. Du musst nur selbst bei so einer endlos langen Flugphase die Kontrolle über deinen Körper behalten können, sonst landest du auf dem Kopf.“

REAKTIONS-BESCHLEUNIGER TEIL 1

mit Christian Haas von POWRide

NEBEN KRAFT- UND AUSDAUERTRAINING FÜR FREERIDER, ZÄHLT AUCH **LIFE KINETIK** ZU DEN STECKENPFERDEN VON POWRIDE-GRÜNDER CHRISTIAN HAAS. EINE TRAININGSART, DIE ETWA DEN FREERIDE WORLD TOUR-RIDER SEBASTIAN HANNEMANN IM KOPF SCHNELLER MACHT.

Der Klassiker zum Start: Du hältst in jeder Hand einen Golf- oder Tennisball vor der Brust, wirfst beide Bälle in die Luft, überkreuzt deine Arme und fängst sie wieder auf. Faszinierend an dieser Übung ist, dass sie einfach klingt und dennoch fast niemandem auf Anhieb gelingt. Leichte Schwierigkeitssteigerung: Gleichzeitig mit den Armen überkreuzt du auch deine Beine. Richtig schwer: Die Übung auf der Slackline probieren.

Bälle und Befehle: Du brauchst einen Freund und einen kleinen Ball, den du locker mit einer Hand fangen kannst. Dann wirft dein Trainingspartner den Ball und ruft dabei „rechts“ oder „links“. Rechts bedeutet dabei, dass du den Ball mit der rechten Hand fangen und gleichzeitig das rechte Bein nach vorne strecken musst. Schwieriger: Die Kommandos „rechts“ und „links“ werden ersetzt, etwa durch Tiernamen. Dann bedeutet ein Landtier zum Beispiel, dass du den Ball mit der rechten Hand fangen musst und ein Wassertier, dass du die linke benutzt. Wenn dann dein Freund „Löwe“ oder „Hai“ ruft, musst du den Befehl im Kopf erst „decodieren“. Noch schwieriger: Beine und Arme werden von eins bis vier durchnummeriert. Dein Freund ruft dann zwei Nummern, während er den Ball wirft, du musst die beiden Körperteile nach vorne strecken und den Ball fangen.

Bloß nicht: Übungen immer wieder wiederholen. Life Kinetik wirkt nur, wenn sich dein Gehirn ständig neuen Herausforderungen stellen muss, die aufeinander aufbauen. Das funktioniert am besten mit einem Life Kinetik-Trainer.

REAKTIONS-BESCHLEUNIGER TEIL 2

DEIN **STARTER-KIT** FÜR LIFE KINETIK IM SELBSTVERSUCH

Was bringt's? Du kannst Informationen schneller aufnehmen, verarbeiten und deshalb auch schneller reagieren. Wenn zum Beispiel plötzlich ein Stein vor dir auftaucht, ein Buckel deine Ski verschlägt, du entscheiden musst, einen Turn enger oder weiter zu fahren, um einem Hindernis auszuweichen oder eine bessere Linie zu bekommen, musst du dich im Bruchteil einer Sekunde anpassen. Mit Life Kinetik-Training gelingt dir das schneller als ohne.

Wie funktioniert's? Im Prinzip geht es um Gehirnoptimierung. Dabei wird das Nervensystem durch schwierige Koordinationsaufgaben so trainiert, dass das Gehirn Informationen schneller verarbeiten kann. Kurz: eine Art Gehirntraining durch Bewegung. Dabei beginnt man mit recht einfachen Übungen und steigert sich immer mehr. Mit Sebastian mache ich viel Life Kinetik, und inzwischen schafft er wirklich schwierige Aufgaben.

Ein Beispiel: In der Ausgangsposition steht Sebastian mit dem Rücken zu mir. Ich habe sechs Bälle in den Händen; zwei grüne, zwei gelbe und zwei rote. Außerdem habe ich noch einen farbigen Ball zwischen meinen Knien. Dann gebe ich Basti das Kommando, dass er sich umdrehen soll und werfe ihm im selben Augenblick alle sechs Bälle zu. Kaum hat sich Basti umgedreht, sieht er die sechs farbigen Bälle auf sich zufliegen und muss nun zwei davon fangen. Allerdings nicht irgendwelche Bälle, sondern die zwei richtigen. Welche das sind, erkennt Basti an der Farbe des Balls zwischen meinen Knien. Ist der rot, muss er die beiden gelben fangen, ist er grün, muss er die beiden roten fangen usw. Das macht die Übung nochmal um einiges schwieriger, weil Basti sich in dem kurzen Augenblick, in dem die sechs Bälle auf ihn zufliegen, erinnern muss, welche Ballfarbe zwischen meinen Knien für welche Ballfarbe in der Luft steht.

Bloß nicht: Nur auf Life Kinetik setzen. Denn dann bist du zwar koordinativ absolute Spitze, hast aber keine Ausdauer oder Kraft – beim Freeriden sicher nicht ideal.

GESCHWINDIGKEITS-RAUSCH

mit Xavier De Le Rue

EIN AUFRUF ZUM **VOLLGASGEBEN** VON SNOWBOARD-PRO XAVIER DE LE RUE, DER OHNE FRAGE ZU DEN SCHNELLSTEN FREERIDERN WELTWEIT ZÄHLT

SICHERHEITSBONUS:

Wenn du ein Schneebrett lostrittst, bleibt dir nur ein kurzer Moment für eine Fluchtfahrt, und je mehr Tempo du in diesem Augenblick hast, desto besser stehen deine Chancen zu entkommen. Aber je schneller du fährst, desto mehr Auftrieb bekommst du auch. So sinkst du weniger tief im Schnee ein und reduzierst das Risiko, Steine oder Felsen unter der Schneeoberfläche zu treffen. Ein höheres Tempo hilft aber auch, mehr aus einer Line herauszuholen. Wenn du so schnell bist, dass du eher auf der Oberfläche gleitest, statt durch den Schnee zu pflügen, kannst du plötzlich richtig mit dem Gelände spielen. Denn dann ist die Schneedecke gefühlt härter, und du kannst deine Turns mit viel mehr Druck fahren, ohne im lockeren Pulver einfach wegzusacken.

BREMSVERWEIGERUNG:

Wenn eine Abfahrt eine böse Überraschung für mich bereithält, vielleicht glatte Eisplatten oder hartgefrorene Brocken unter der Schneeoberfläche, drehe ich mein Board in die Falllinie und lass es laufen. Das ist für mich fast wie ein Gesetz und passiert reflexartig, ohne einen Sekundenbruchteil nachzudenken. Wahrscheinlich wäre es die normalere Reaktion, in so einer Situation einfach abzubremsen. Aber ich sage: Wenn du mit einem gewissen Tempo unterwegs bist und plötzlich eine Vollbremsung versuchst, zerreißt es dich in neun von zehn Fällen. Wenn du dich dagegen für

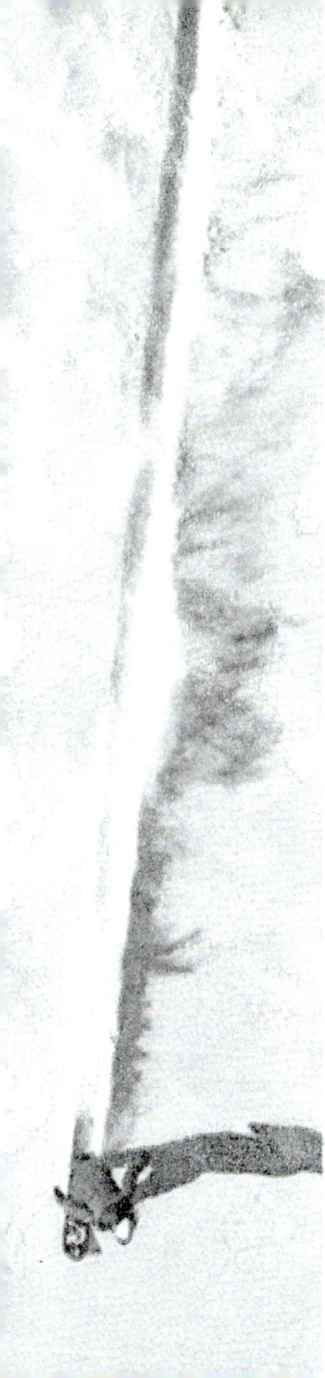

eine Straight Line entscheidest, bleibst du in einer stabilen Fahrposition. Für mich ging diese Rechnung bisher immer auf.

TEMPOGEWÖHNUNG:

Zu Beginn jeder Saison gibt es zwei Dinge, die mir schnell meine Sicherheit auf dem Board zurückgeben: Park und Tree Runs. Die Lines im Wald gehe ich mit richtig viel Speed an, so dass ich ständig blitzschnell reagieren muss: Bäumen ausweichen, über Baumstümpfe springen, entscheiden, ob ich links oder rechts fahre... Ich habe das Gefühl, dass meine Reaktionen dadurch viel schneller werden. Bei richtigen Big Mountain-Lines kann ich auch nicht jede Kleinigkeit vorhersehen und muss mich ständig anpassen. Wichtig ist allerdings, dass du deinen Kopf auch frei hast, um auf wechselnde Schneebedingungen oder Sluff überhaupt reagieren zu können. Bei mir klappt das nur, wenn ich mir eine Line vorher einpräge. Dann ist der Weg in meinem Kopf so einprogrammiert, dass ich die Line ganz automatisch nach unten finde und auf alle anderen Faktoren um mich herum reagieren kann.

GEGENWINDKONTROLLE:

Wenn ich bei Straight Lines in engen, steilen Couloirs wirklich schnell werde, habe ich das Gefühl, dass ich nur noch mit Armen und Oberkörper lenke. Das funktioniert ähnlich wie bei Fallschirmspringern, die im freien Fall mit ihrem Körper den Luftstrom so lenken, dass sie von Bauch- in Rückenlage wechseln oder sich im Kreis drehen. Dazu richte ich mich auf, drehe meinen Oberkörper nach vorne, breite meine Arme aus und lehne mich ein wenig nach vorne gegen den Fahrtwind. Mir gibt diese Haltung eine enorme Stabilität auf dem Board. Um es selbst einmal auszuprobieren, reicht es aus, morgens auf einer frisch gewalzten und menschenleeren Piste richtig Gas zu geben. Wenn du dann dabei perfekt ausbalanciert bist, musst du nur den linken oder rechten Arm ein wenig heben, um einen Turn in dieselbe Richtung einzuleiten.

TECHNISCHE SCHWIERIGKEITEN

Der Spuck begann am 14. Dezember 2009, als das erste Notrufsignal aus der Nähe des unter Backcountry-Skifahrern beliebten Berthoud Passes in Colorado von einem Satelliten aufgefangen wurde. Ursprung war ein Personal Locator Beacon: ein kleiner Notrufsender, den Abenteurer auf ihren Expeditionen ins Hochgebirge oder in die Arktis mitnehmen, um auf Knopfdruck einen Notruf absetzen zu können. In den USA werden diese Geräte inzwischen aber auch von normalen Wanderern oder Skitourengehern eingesetzt.

Kaum hatte der Notruf den Satelliten in der Erdumlaufbahn erreicht, nahm die Rettungskette ihren Lauf. Zuerst landete der Hilferuf bei der US Air Force, die die Informationen an den State Search and Rescue Coordinator weiterleitete. Als nächstes erfuhr der örtliche Sheriff, dass jemand in Not war und schickte die Bergrettung auf die Suche nach dem Opfer, worauf die Gegend stundenlang durchkämmt wurde – ohne Ergebnis.

DIE RICHTIGE AUSRÜSTUNG KANN DIR VIELLEICHT DAS LEBEN RETTEN – ABER NUR, WENN DU WEISST, WIE SIE FUNKTIONIERT!

Genau eine Woche herrschte danach Ruhe. Dann kam der nächste Notruf aus der gleichen Gegend, und alles begann wieder von vorne – mit haargenau demselben Ergebnis: keinem. Dass die Quelle des Notrufs nicht auffindbar war, hatte einen einfachen Grund: Das Notsignal wurde nach kurzer Zeit wieder abgeschaltet. Dennoch rückten die Bergretter nur 24 Stunden später erneut aus – auf der Suche nach dem dritten Notruf vom Berthoud Pass, und abermals kehrten sie mit leeren Händen aus dem Backcountry zurück. Natürlich hatten die Suchmannschaften dabei im Hinterkopf, dass es sich wieder um einen falschen Alarm handeln könnte, doch sie müssen jedem Notruf nachgehen.

So rückten die Bergretter auf der Suche nach einem möglichen Unfallopfer immer wieder aus. Insgesamt neun Mal, bis im Februar 2010 das Notrufsignal einmal nicht abbrach. Stattdessen bewegte es sich auf eine Arztpraxis in der Stadt Boulder zu.

Vor Ort traf der Sheriff einen Mann Ende 20. Wie sich herausstellte, hatte der Skifahrer keine Ahnung, welche Folgen ein Knopfdruck auf seinem Personal Locator Beacon hatte. Tatsächlich wusste er nicht einmal, dass es sich um einen Notrufsender handelte. „Es war ein Geburtstagsgeschenk“, sagte er: „Auf der Karte stand: Ein Lawinenpiepser – damit du immer auf der sicheren Seite bist.“ Die Bedienungsanleitung hatte er nie gelesen und so aktivierte er seinen angeblichen Lawinenpiepser jedes Mal, wenn er ins Backcountry ging. Dass die Fehlalarm-Serie endete, ist nur einem glücklichen Zufall zu verdanken: Nach einer Tour vergaß der Skifahrer, sein Gerät abzuschalten und führte so die Retter zu sich.

Die richtige Ausrüstung kann dir vielleicht das Leben retten – aber nur, wenn du weißt, wie sie funktioniert!

GRATWANDERUNG

mit Xavier De Le Rue

SPINE LINES SIND EIN RITT ZWISCHEN HIMMEL UND HÖLLE. BLEIBST DU OBEN, FLIEGST DU FÖRMLICH VON TURN ZU TURN. WIRST DU ABGEWORFEN, GEHT ES MIT MEHR ÜBERSCHLÄGEN ALS DU ZÄHLEN KANNST DAS GESAMTE FACE NACH UNTEN. EINER, DER WOHL MEHR ZEIT AUF SPINES ALS AUF PISTEN VERBRINGT, IST DER DREIMALIGE FREERIDE WORLD CHAMP XAVIER DE LE RUE. DER IDEALE MANN FÜR UNSERE BIG-MOUNTAIN-FAHRSCHULE TEIL 1: **SPINES**

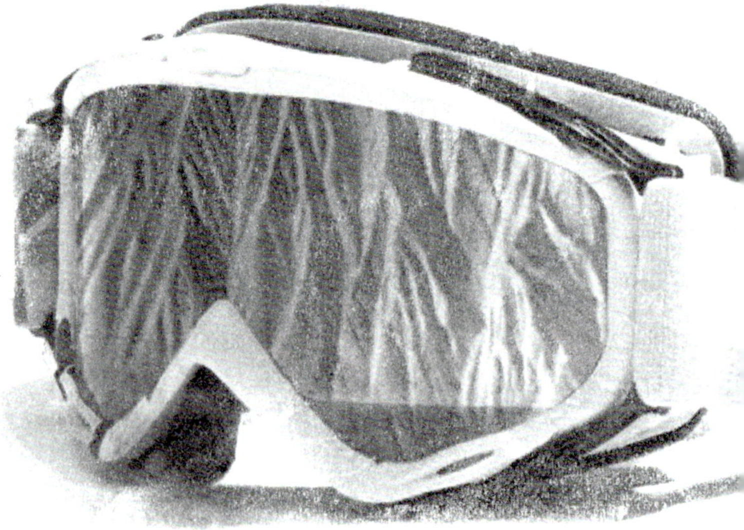

DIE JAGD:

Alaska ist ein wahres Spine-Wonderland. Warum? Weil der Schnee feuchter ist und an den steilsten Hängen regelrecht kleben bleibt. Denn steil muss ein Face sein, damit sich die typische Abfolge aus vertikalen Rinnen und Graten bildet. So steil, dass Schnee immer wieder von allein abrutscht und so das Profil der Spines hervorhebt. Allerdings ist Alaska nicht der einzige Ort für Spines. Wer lange genug sucht, wird auch in den Alpen fündig. Wahrscheinlich dauert die Suche länger als bei anderen Lines, aber wenn du deine Spine dann abgeritten bist, wirst du sagen: Es war jede Anstrengung wert.

HINTERGRUNDWISSEN:

Tatsächlich ist der Kamm einer Spine in Bezug auf Lawinen einer der sichersten Plätze in einem großen Backcountry-Face. Denn hier geht der Schnee immer wieder von alleine in kleinen Rutschen ab, so dass sich kaum ein gefährliches Schneebrett bilden kann. Ebenso angenehm ist eine Spine, wenn es um Sluff geht. Denn natürlich wirst du in so steilem Gelände mit jedem Turn eine Menge Sluff auslösen. Der verfolgt dich aber nicht wie in einer Rinne oder einem Bowl, sondern fließt auf den beiden Flanken der Spine zur Seite von dir weg. Ganz vergessen solltest du den Sluff aber nicht. Denn in den beiden Rinnen rechts und links von der Spine wird sich der Sluff sammeln, zu einem reißenden Strom anwachsen und dich gnadenlos mitreißen, falls du ihm in den Weg kommst.

DIE TECHNIK:

Du musst deine gesamte Line perfekt im Kopf haben und dir absolut sicher sein, dass du an der richtigen Stelle bist, denn beim Drop-In siehst du ziemlich sicher nur die ersten paar Meter. Spines sind typischerweise so extreme „Roll-Over", dass du nie erkennen kannst, was dich nach dem nächsten Turn erwartet. Eine weitere Herausforderung ist, das richtige Verhältnis zwischen Tempo und Kontrolle zu finden. Denn Spines sind oft so steil, dass du bei jedem Turn mit dem ganzen Körper den Schnee berührst, während du beschleunigst wie ein Sportwagen mit durchgetretenem Gaspedal. Driftest du dann aber nur ein bisschen zu stark um abzubremsen, landest du direkt im ‚White Room', komplett eingehüllt in deinem eigenen Spray und völlig blind. Bremst du dann richtig, wird es nur noch schlimmer. Der für seine fast schon todesverachtenden Ski-Stunts bekannte Seth Morrison gab für diese Situation einmal folgenden Tipp: „Vollgas und durch – genauso wie Tom Cruise als NASCAR-Rennfahrer in ‚Tage des Donners' auf der Rennstrecke durch die schwarze Rauchwolke des Crashs vor ihm rast. Wer den Film kennt, wird sich an die Szene erinnern..."

TATSÄCHLICH IST DER KAMM EINER SPINE IN BEZUG AUF LAWINEN EINER DER SICHERSTEN PLÄTZE IN EINEM GROSSEN BACKCOUNTRY-FACE

NOTFALL-KIT

mit Cyril Neri

DER EHEMALIGE SCHWEIZER SNOWBOARD-PRO CYRIL NERI IST SO ETWAS WIE DER „MACGYVER DES BACKCOUNTRY“ UND KANN AUS EINER BLECHDOSE PROBLEMLOS EINE ZENTRALHEIZUNG BAUEN. WIR HABEN EINEN BLICK AUF SEINE **ÜBERLEBENSAUSRÜSTUNG** GEWORFEN.

IGLU-HEIZUNG:

Sehr simpel und zugleich äußerst effektiv: Als Vorbereitung nur eine Konservendose aus Blech flach drücken, dann auf einer Seite am Rand zwei kleine Löcher bohren und einen Draht durch die beiden Löcher fädeln. Wenn du dann in den Bergen übernachten musst und in deiner Schneehöhle festsitzt, rammst du den Stiel deiner Lawinenschaufel in die Wand und hängst die ehemalige Konservendose an der Drahtschlinge daran auf. Dann das Schaufelblatt wenige Zentimeter darunter ebenfalls in die Schneewand stecken und eine Kerze darauf so positionieren, dass die Flamme gerade noch die Blechdose berührt. So eine Kerzenheizung kostet praktisch nichts, verbraucht kaum Platz im Rucksack und erzeugt überraschend viel Wärme.

FEUERSTARTER:

Ich will immer sicher sein, ein Feuer machen zu können, selbst im Regen. Deshalb verpacke ich Streichhölzer und Feuerzeug stets getrennt und hermetisch versiegelt, um sie vor Feuchtigkeit zu schützen. Als Notfall-Reserve habe ich zusätzlich noch einen wasserunempfindlichen Survival-Feuerstarter dabei, mit dem man durch Funken ein Feuer entfachen kann. Falls du nur feuchtes Holz findest, brauchst du noch einen anderen Brennstoff, damit es anfängt zu brennen. Ich habe dafür Grillanzünder und ein paar dieser kleinen Kohlestäbe dabei, die eigentlich in Taschenwärmern verwendet werden.

ERSATZTEILLAGER:

Duct Tape ist meine Geheimwaffe für alles, was auf einer Tour kaputtgeht, obwohl du nie damit gerechnet hättest. Eine ganze Rolle ist mir aber zu groß und schwer, deshalb wickle ich nur ein paar Lagen um den Stiel meiner Schaufel – Duct Tape klebt schließlich nicht nur einmal. Für provisorische Reparaturen an einer Snowboardbindung haben sich auch schon Kabelbinder als sehr hilfreich erwiesen.

KLIPPENRETTER:

Falls es wirklich passiert, dass ich bei einer Abfahrt von meiner Line abkomme und über einem Cliff gefangen bin, habe ich alles dabei, um mich abzuseilen. Ein 20-Meter-Kletterseil, ein paar Karabiner und ein paar Bandschlingen, aus denen ich mir einen behelfsmäßigen Abseilgurt machen kann.

NEBEL-NAVIGATIONSHILFE:

Meine Uhr mit Höhenmesser und Kompass hat mich gerettet, als ich mit zwei Freunden auf einem Berg unterwegs war, der einem Labyrinth aus engen Rinnen und Schluchten glich. Denn als plötzlich Nebel aufzog, fiel die Sichtweite schlagartig auf einen Meter. Per Karte, Höhenmesser und Kompass fand ich aber den Weg im kompletten White Out – sehr zur Freude meiner Kumpels. Praktisch ist auch das eingebaute Barometer, denn ein Wetterumschwung kündigt sich immer durch Veränderungen des Luftdrucks an.

SPÄTSCHICHT

mit Youri Barnéoud

WIE DIE SUMME AUS SCHLECHTER PLANUNG UND ETWAS PECH EIN **ALBTRAUMSZENARIO** ERGIBT

Dass ich mir zehn Stunden später sicher sein würde zu sterben, hätte ich mir während der Fahrt nach La Grave nicht vorstellen können. Eine Skistation, in der es vor steilen Rinnen, Gletscherspalten, langen Powder Runs und senkrechten Felsabbrüchen nur so wimmelt. Ein Gebiet, in dem du besser genau wissen solltest, wohin du fährst. Ich selbst hatte keine Ahnung von La Grave, dafür aber ein Freund, mit dem ich verabredet war – zwar kein waschechter Local, aber doch jede Saison zehnmal in dem Gebiet unterwegs.

Der Tag brachte alles, was man sich als Snowboarder nur wünschen kann: blauen Himmel, 30 Zentimeter Neuschnee und etliche unverspurte Lines. Dann, um halb vier Uhr, wurde es Zeit für die Talabfahrt. Viele entscheiden sich für die Seilbahn, um die mehr als 2.000 Höhenmeter vom Gipfel bis zur Talstation zurückzulegen. Nicht wir! Eine Route ins Tal ist relativ offensichtlich und folgt in etwa der Seilbahn, mein Freund kannte aber noch eine Alternative.

Der Start war unglaublich. 20 Minuten zogen wir Turns in einem gewaltigen Schneefeld. Die Orientierung schien auch ein Kinderspiel zu sein. Schon auf der Hälfte des Faces erkannten wir die Rinne, in die wir nach rechts abbiegen mussten. Doch je näher wir dem Couloir kamen, desto komischer kam mir der Anblick vor und plötzlich erkannte ich, was vor uns lag: Eine Eislawine hatte die Rinne komplett zugeschüttet. Irgendwo weiter oben am Gletscher musste ein Eis-Serac abgebrochen und genau hier herabgestürzt sein. Sicher schon vor einiger Zeit, denn die riesigen Eisbrocken waren von Neuschnee bedeckt. Wieder aufzusteigen erschien unmöglich. Wir hätten Stunden gebraucht und es war schon vier Uhr. Drüber zu klettern schlossen wir auch aus, die Brocken hatten sich so hoch aufgetürmt, dass sie ein zweistöckiges Haus überragt hätten. Ein Blick auf mein Handy sagte mir, dass es kein Netz gab und somit keinen Notruf. So entschieden wir uns, dem Schneefeld weiter zu folgen statt in die Rinne abzubiegen, auch wenn wir keine Ahnung hatten, wohin uns dieser Weg führen würde.

Zuerst lief alles gut, nur die Neuschneeschicht wurde dünner und wir spürten immer öfter den vereisten Altschnee darunter. Dann wurde das Schneefeld immer schmaler, bis es schließlich in eine Rinne mündete. Ich fuhr zuerst und immer näher auf eine Kante zu, an der die Rinne einfach aufzuhören schien. Bis auf zwei Meter rutschte ich heran und konnte immer noch nicht sehen, was dahinter lag. Also setzte ich mich hin, beugte mich weit vor und erkannte, dass wir ein Problem hatten. Hinter der Kante hatte ich Bäume gesehen, die so tief unter mir lagen, dass sie wie Spielzeug wirkten.

Wir standen direkt über einem Felsabbruch von 100 Metern oder mehr. Es war klar, dass wir hier weg mussten und der einzige Weg führte nach oben. Doch in dem Moment, in dem ich mein Board abschnallte, war ich überzeugt, dass ich heute sterben würde. Denn die Sohlen meiner Boots rutschten auf der Eisplatte unter dem Neuschnee schlagartig weg. Die einzige Möglichkeit etwas Halt zu bekommen, war die Kante meines Boards mit aller Kraft in den Schnee zu rammen und mich daran festzuhalten. Zwei Stunden arbeiteten wir uns so Zentimeter für Zentimeter nach oben, während mir vor Anspannung Tränen über das Gesicht liefen und die Sonne langsam hinter den Bergen verschwand. Die Felswand unter uns blieb dabei immer unüberwindlich, bis wir im letzten Licht eine Stelle sahen, die uns hoffen ließ.

Da lag nur zehn Meter unter uns eine Art Schneeplateau. Wir hatten keine Wahl, warfen die Boards voraus und kletterten hinab. Die letzten drei oder vier Meter mussten wir springen, aber wir kamen unbeschadet an, konnten weiter abfahren und erreichten gegen 23 Uhr die Straße im Tal. Zumindest fast: Ein brusttiefer Bach lag noch zwischen uns und dem rettenden Ufer auf der anderen Seite. Zurück ging es dann per Autostopp – am Ende waren wir 15 Kilometer von La Grave entfernt gestrandet.

Youri Barnéoud arbeitet für das Snowboardmagazin Onboard als Redakteur und lebte schon in Chamonix, Grenoble und Mayrhofen. „Die größten Fehler in La Grave waren keine Notfallausrüstung wie Steigeisen oder Seil dabei zu haben und die Abfahrt so spät zu machen", meint Youri heute.

DREHARBEITEN

mit Jeremy Jones

AM ENDE SIND ES NUR SEKUNDEN, DIE EINE LINE IN EINEM VIDEO ZU SEHEN IST. WARUM DIE VORBEREITUNG DARAUF ABER DEN GANZEN WINTER DAUERN KANN, ERKLÄRT SNOWBOARDLEGENDE JEREMY JONES IN UNSERER BIG MOUNTAIN-FAHRSCHULE TEIL 2: **VIDEO LINES**

MONATE ZUVOR:

Die Idee für meinen letzten Film ‚Further' war, neue Berge zu entdecken, die nicht schon in etlichen Videos zu sehen waren. Während der zweijährigen Dreharbeiten suchten wir in der Arktis, Alaska, Österreich und Japan nach unbekannten Faces. Vor allem Japan war eine gewaltige Herausforderung. Dort gibt es enorme Mengen Neuschnee, starke Winde und nur selten stabiles Hochdruckwetter, so dass sich die Schneedecke kaum verfestigen kann. Zuerst galt daher herauszufinden, wann die Chancen auf gute Bedingungen in Japan aller Wahrscheinlichkeit nach am größten sind. Kenne ich dieses Zeitfenster, lasse ich das Wetter vor Ort während der gesamten Saison nicht mehr aus den Augen. Denn in zwei Fällen würde ich einen geplanten Trip sofort absagen: Entweder ist die Saison ungewöhnlich schneearm, dann sind die meisten exponierten Lines einfach nicht möglich. Oder es gibt eine ausgeprägte Schwachschicht tief in der Schneedecke, die sich über Monate halten kann und die Lawinenlage recht heimtückisch und gefährlich macht. Schneedecke und Wetter sind beim Freeriden einfach die entscheidenden Faktoren.

WOCHEN ZUVOR:

Meine Filmtrips dauern immer drei bis vier Wochen. Lines, die es dann ins Video schaffen, entstehen aber meistens erst zwischen dem 15. und 20. Tag vor Ort. Um sich in echtem Big Mountain-Gelände zu bewegen, musst du wissen, dass die Schneeverhältnisse sicher sind, und das dauert. Ich nenne diesen Prozess des Herantastens auch „Terrain Progression". Zuerst wird dabei ein Schneeprofil gegraben, um nach gefährlichen Schwachschichten zu suchen. Dann fahre ich kurze Lines in kleinen, sanften Faces, die kaum Risiko beinhalten und arbeite mich Schritt für Schritt zu immer größeren und exponierteren Hängen vor. Wichtig ist dabei, dass man sich immer Hänge sucht, die in Ausrichtung und Höhe dem Face entsprechen, das man eigentlich filmen will. So sammle ich täglich mehr Informationen und versuche, die Schneedecke auch immer weiter zu testen – etwa durch Landungen großer Sprünge in einem Hang oder das Abtreten einer Wechte. Schneit es dann aber einen halben Meter, müssen wir wieder vorn vorne beginnen.

TAGE ZUVOR:

Wenn wir dann die Schneedecke für sicher halten, das Wetter gut ist und Tag X für eine Line gekommen ist, heißt das noch nicht, dass ich auch nur einen Turn fahren werde. Aus Erfahrung weiß ich, dass es fast immer mehrerer Anläufe bedarf. In Japan schneite es zum Beispiel in der Nacht, bevor wir ein großes Face filmen wollten, etwa 30 Zentimeter. Das ist sehr wenig für Japan und so hielten wir an unserem Plan fest. An dem Face angekommen, sah ich aber sofort, dass der Wind viel Schnee verfrachtet hatte und grub zum Test ein Schneeprofil. Das Ergebnis: zwei Meter windverfrachteter Neuschnee in dem Face und Abbruch des Drehtages. Ein paar Tage später beim zweiten Versuch hatte ich den Aufstieg unterschätzt und war so spät am Gipfel, dass das Licht nicht mehr für Aufnahmen ausreichte. Beim dritten Versuch startete ich also zwei Stunden früher und war endlich bei den richtigen Bedingungen zum richtigen Zeitpunkt am richtigen Ort.

MINUTEN ZUVOR:

Ob ich wirklich fahren werde, ist aber längst nicht sicher. Normalerweise nehme ich mir vor dem Drop-In etwa 40 Minuten Zeit, um zu entscheiden, ob ich mich mit dem Gedanken an die Abfahrt wohlfühle. Oft seile ich mich dann ein kleines Stück von oben ab und grabe nochmal ein Schneeprofil. Oder ich trete eine kleine Wechte ab, um zu sehen, ob das ein Schneebrett auslöst. Außerdem werde ich unbedingt versuchen, verschiedene Blickwinkel von oben auf das Face zu bekommen, um es besser einschätzen zu können. Bei einer echten großen Big Mountain Line habe ich sicher 20 Fragen im Kopf, die ich mir vor der Abfahrt alle mit „Ja, es ist sicher“ oder „Nein, es ist nicht sicher“ beantworten muss. Ist nur ein „Nein“ dabei, drehe ich um. An diesem Tag in Japan standen aber alle Zeichen auf „Go“.

BAUPLAN

mit Marco Feichtner

NIRGENDWO LASSEN SICH NEUE TRICKS BESSER LERNEN ALS ÜBER DEN EIGENEN **POWDER-KICKER**. DER ÖSTERREICHISCHE SNOWBOARD-PRO MARCO FEICHTNER HAT SCHON ÜBER 500 KICKER IN DEN SCHNEE GESTELLT UND DAFÜR ETWA 1500 STUNDEN SCHAUFELARBEIT INVESTIERT. ER SOLLTE WISSEN, WIE DIE PERFEKTE SCHANZE AUSZUSEHEN HAT.

Wo: Über die Jahre habe ich ein gutes Auge für Kicker-Standorte im Gelände bekommen. Vorraussetzung ist eine steile Anfahrt, die dir genügend Speed verleiht. Dann ein flaches Stück, auf dem die Schanze errichtet wird und ein steiler Landehang, der unbedingt genügend Auslauf haben muss. Die Ausrichtung spielt auch eine Rolle. So findest du in einem schattigen Nordhang eher eine Powderlandung als in einem nach Süden ausgerichteten Face, auf das jeden Tag die Sonne brennt.

Wann: Die „Goldene Zeit“ für Kickerbauer ist Februar und März – da sind Schneelage und Licht ideal. Im Dezember ist die Schneedecke meist noch so dünn, dass oft Felsen oder Baumstümpfe in der Landung lauern. Kleine Bodenwellen oder Hügel im Landehang verraten dir aber solche Fallen. Im Januar steht die Sonne noch so tief, dass dein Spot vielleicht keinen einzigen

Sonnenstrahl abbekommt – extrem schlecht für Fotos. Im April kommt dann der Frühling, und der Powder wird rar. Beginne auch besser frühmorgens mit dem Bau, denn bis zum fertigen Kicker vergehen locker drei Stunden.

Wie: Kicker werden genau wie Häuser gebaut: zuerst die Wände, dann der Rest. Zunächst läufst du aber den Grundriss des Kickers ab, um ein festes Fundament zu bekommen – Schneeschuhe sind am effektivsten. Jetzt kommen die Außenmauern dran. Dafür aber nicht einfach Schnee aufschaufeln, sondern wie ein Maurer arbeiten: Mit der Schaufel Schneeblöcke (etwa so groß wie ein Bierkasten) ausstechen und leicht versetzt aufeinander stapeln. Die Quader sollten sich perfekt ineinander fügen, sonst musst du die Hohlräume später mit losem Schnee auffüllen – das macht den Kicker instabil und er fliegt vielleicht schon beim ersten Testsprung auseinander. Probleme macht manchmal das Baumaterial. Ist der Pulverschnee so locker, dass du keinen Schneeball formen kannst, wirst du auch keine Quader ausstechen können. Die Lösung heißt: graben. Denn unter dem frischen Pulver findest du sicher eine kompaktere Altschneedecke. Sobald die Außenwände stehen, nur noch den Hohlraum in der Mitte mit Schnee füllen – einfach reinschaufeln, bis er voll ist.

Feinschliff: Zuerst den Kicker von oben mit der Schaufel festklopfen, dann festtreten, bis er richtig kompakt ist. Bei sehr niedrigen Temperaturen bindet sich Schnee schlecht und der Kicker lässt sich nur schwer festklopfen. Da bewirkt Wasser wahre Wunder. Im Frühjahr kann Tafelsalz deine Session retten: Salz entzieht dem Schnee nicht nur Feuchtigkeit, sondern auch Energie in Form von Wärme; dadurch kühlt die Schneeoberfläche ab und gefriert leicht – Anfahrt und Kicker werden schneller. Aber kein Streusalz verwenden, es bewirkt genau das Gegenteil!

Zum Schluss kommt es darauf an, wie viel Pop dein Jump haben, also wie steil die Flugkurve ausfallen soll. Hast du mit der Schaufel den Absprung entsprechend geshapt, lässt du den Kicker etwa 15 Minuten „ziehen“, dann ist er hart und du kannst ihn mit deinem Board schön glatt abziehen.

Anfahrt: Der Übergang zum Kicker muss so sanft wie möglich sein. Da sollte dich keine Bodenwelle oder Kompression aus dem Gleichgewicht bringen. Dazu etwa zehn Meter vor dem Kicker die oberste Tiefschneeschicht aus der Anfahrt schaufeln und ein paar Mal mit dem Snowboard oder den Skiern glattrutschen.

Testdummy: Um die Flugkurve abzuschätzen, stelle ich mich neben den Kicker und werfe einen Schneeball in Richtung Landung. Wie viel Speed du für den Sprung benötigst, ist reine Erfahrungssache. Mir reicht mittlerweile ein einziger Speed Check, aber am Anfang hilft es, wenn sich dein Buddy dabei neben den Kicker stellt und einschätzt, ob du genügend Schwung gehabt hättest.

LERNKURVE

mit Aline Bock

2010 GEWANN DIE DEUTSCHE SNOWBOARDERIN ALINE BOCK DEN WELTMEISTERTITEL DER FREERIDE WORLD TOUR, OBWOHL SIE ERST ZWEI JAHRE ZUVOR VOM FREE-STYLE- INS BIG MOUNTAIN-LAGER GEWECHSELT WAR. DOCH GANZ SO LEICHT WIE ES SCHEINT, FIEL IHR DER **UMSTIEG** NICHT.

DAS ERSTE MAL...

... war 2008 bei einem Invitational Freeride-Contest im Montafon. Ich hatte gar nicht geplant mitzufahren, aber die Bedingungen waren einfach zu gut: 50 Zentimeter Neuschnee und Sonnenschein pur. Klar konnte ich Powder fahren, worauf es bei Freeride-Contests aber ankommt, war mir nicht klar. Ebenso wenig konnte ich nachvollziehen, warum alle das Face mit ihren Ferngläsern studierten und dann auch noch Fotos von dem Berg schossen. Ich dachte mir: Drop-In, rechts, links, rechts, links und dann springe ich noch über einen Felsen und gut ist. Genauso habe ich es dann auch gemacht und – boom – das ganze Ding gewonnen.

PROFI-TRAINING:

Durch den Sieg wurde ich in der nächsten Saison auf die Freeride World Tour eingeladen und wollte mich ernsthaft auf die Tour vorbereiten. Also kaufte ich ein Fernglas und begann mein Trainingsprogramm für mehr Power in den Oberschenkeln im Hafelekar auf der Nordkette über Innsbruck. Bei Neuschnee ist die steile Rinne ein Traum, sonst eher ein endloser Buckelpisten-Krampf. Drei Mal bin ich da runtergerutscht, bis die Schenkel so brannten, dass ich mich bei der Hälfte hinsetzen musste. In Sichtweite die Jungs im Park und ich dachte nur: Was mache ich hier eigentlich?

FACE CHECK:

Beim ersten Wettkampf im russischen Sotschi habe ich dann gelernt, wozu ein Fernglas gut ist. Mit bloßem Auge ist zum Beispiel nicht zu erkennen, wie ein Absprung über einem Cliff wirklich aussieht. Siehst du dort leichte Erhebungen im Schnee, ist das oft ein Zeichen, dass dort „Sharks" lauern. Auch der Schnee verrät viel, wenn du genau hinschaust. Spiegelt die Schneedecke leicht, ist es eisig und hart. Lockerer Neuschnee hat ein ganz bestimmtes Glitzern, das verschwindet, wenn die Schneedecke windgepresst oder von der Sonne gebacken wurde.

FAHRFEHLER:

Sluff-Management war mir bis zu einem Contest in Chamonix auch kein Begriff. Da habe ich in einer Rinne zuerst auf der einen Seite durch einen Turn eine Menge Sluff ausgelöst, dann auf der gegenüberliegenden Seite einen Turn gesetzt und wollte direkt wieder zurück durch die Rinne queren. Nicht bewusst war mir, dass ich genau den Weg des von mir ausgelösten Sluff-Rutsches kreuzen würde und wieviel Kraft so ein bisschen Schnee entwickeln kann. Natürlich wurde ich mitgerissen und auch noch über Felsen gespült. Da habe ich gemerkt: Sluff ist immer stärker als du.

Früher sind meine geplanten Cliffs und Features bei der Abfahrt oft so schnell an mir vorbeigerauscht, dass ich nicht mehr reagieren konnte und sie auslassen musste. Ich musste erst lernen, wie man sich Orientierungspunkte merkt und seine Line findet, da von oben alles vollkommen anders aussieht als beim Face Check. Ich habe mich aber nie so verfahren, dass ich gar nicht mehr wusste, wo ich bin. So etwas ist einem Freund in Tignes passiert. Er ist in die falsche Rinne eingefahren und merkte das erst, als es schon zu spät war: links und rechts neben ihm Felsen, unter ihm ein 30-Meter-Cliff. Abschnallen und hochklettern war auch keine Option, weil es so steil war, dass er sich nur durch die Kante seines Snowboards halten konnte. Die einzige Lösung war, einen Hubschrauber zu rufen. Kosten: ein paar tausend Euro.

VORLIEBEN:

Eine andere Lektion war, dass ich meinem Stil treu bleiben sollte. Ich habe einen Freestyle-Background und bin anfangs Lines gefahren, die nicht so steil waren, dafür aber voller Möglichkeiten für Sprünge und Tricks. Den extrem technischen Lines bin ich ausgewichen, weil mich die Konsequenzen eines Fahrfehlers zu sehr abschreckten. Nachdem ich aber den Tour-Titel gewonnen hatte, versuchte ich mich genau an solchen Hardcore-Lines und habe „nur auf die Fresse bekommen". Jetzt suche ich mir wieder Lines mit tollen Features anstatt No-Fall-Zones.

Foto: Daniel Zangerl

SICHERHEITSNETZ

mit Aline Bock

DAS BACKCOUNTRY IST EIN GEFÄHRLICHER ORT, WO DIR STÄNDIG DER WEISSE TOD AUF DEN FERSEN IST UND „SHARKS" IM HINTERHALT LAUERN. FREERIDE-PROFI ALINE BOCK WEISS, WELCHE KONSEQUENZEN DORT EINE EINZIGE FEHLEINSCHÄTZUNG HABEN KANN UND VERZICHTET DESHALB NIE AUF IHRE **NOTFALLAUSRÜSTUNG**.

LAWINEN:

Ohne Lawinenpiepser und Rucksack mit Sonde und Schaufel bin ich wirklich nie im Backcountry unterwegs. Diese Ausrüstung ist im Notfall einfach deine einzige Chance, entweder selbst gerettet zu werden oder einen deiner Freunde auszugraben.

Ein Lawinenairbag gehört ebenfalls zu meiner Standardausrüstung. Ich glaube daran, dass so ein Rucksack hilft, bei einem Lawinenabgang an der Oberfläche zu bleiben. Aber Achtung: Unsterblich wirst du durch einen Lawinenairbag nicht. Also keinesfalls größere Risiken eingehen. Selbst wenn du nicht verschüttet wirst, kannst du durch ein Schneebrett über Felsen gespült werden oder abstürzen. Ach ja: Niemals den Auslösegriff ziehen, wenn keine Gaskartusche angeschlossen ist! Genau das ist mir bei der Probe für eine TV-Sendung passiert, in der ich meine Ausrüstung vorführen sollte. Es gab einen Riesenknall, der Rucksack war kaputt und konnte live in der Show nicht mehr präsentiert werden. War etwas peinlich, da ich ja als absoluter Profi eingeladen war. Außerdem war ich 100 Euro für die Reparatur los.

ERSCHÖPFUNG:

Schokolade ist mein Lebensretter oder zumindest mein Energieschub, wenn mein Blutzuckerspiegel nach einem langen Hike total im Keller ist. Wasser sollte auch nicht fehlen, ist für mich persönlich aber nicht so essentiell wie eine Tafel ‚Dunkle Nuss'. Bei zweistelligen Minusgraden kann außerdem eine Thermoskanne voll heißem Tee zum wertvollen Schatz werden (sie sollte aber outdoor-tauglich sein, glaubt mir).

SCHMERZEN:

Beim Freeriden bin ich mittlerweile wirklich immer mit Helm und Rückenprotektor unterwegs. Heute sind die guten Protektoren richtige Westen, die man über den First Layer anzieht und die sich durch deine Körperwärme individuell anpassen. Außerdem sitzen sie wirklich bombenfest. Früher war das noch anders, da bestanden sie quasi aus einer Plastikschale mit Gummiträgern, verrutschten bei jedem Turn und bei einem Sturz sowieso. Einziges Problem heute: Nach ein paar Tomahawks wirst du erstaunt feststellen, wieviel Schnee der Rückenpanzer dir durch den Kragen unter die Jacke geschaufelt hat. Trotzdem schwöre ich auf Rückenprotektoren, da sie dich wirklich vor einer schweren Rückenverletzung schützen können – vor allem in felsigem Gelände.

Über Crashpants lässt sich streiten. Ich finde sie ungemütlich und passe mit ihnen nicht mehr in meine Snowboardhose, ohne dass die plötzlich aussieht wie eine Leggins. Deshalb habe ich auch noch nie eine getragen. Einmal hätte ich eine Crashpant allerdings verdammt gut gebrauchen können: Bei einem Freeride Contest in Kirkwood/ USA bin ich beim Absprung über einem Cliff hängengeblieben und habe die Kontrolle verloren. Mit nur einer Pobacke landete ich genau auf einem kleinen, spitzen Felsen, der aus dem Schnee ragte. Durch die Wucht des Aufpralls wurde ich aber wie auf einem Trampolin wieder in die Luft katapultiert und landete ein paar Meter weiter unten auf meinen Füßen. Danach war ich nicht mehr in der Lage, auch nur einen einzigen Turn zu setzen oder gar zu bremsen und fuhr per Straight Line geradewegs ins Ziel. Das sah wohl recht spektakulär aus, da die Judges und das Publikum ziemlich beeindruckt waren. Mir war das allerdings ziemlich egal, während ich mit schmerzverzerrtem Gesicht direkt zur Erste-Hilfe-Station weiterfuhr. Diagnose: wohl das größte Hämatom meines Lebens.

MISSVERSTÄNDNISSE:

Falls du mit einem Fotografen oder Filmer unterwegs bist, sind Walkie-Talkies unersetzlich. Als ich die bei einem Fotoshooting einmal vergessen hatte, kam ich am Abend komplett ohne Stimme nach Hause. Schrei du mal gegen den Wind, wenn du 300 Meter weiter oben im Hang stehst und ein „NO" ständig zu „GO" wird und umgekehrt.

ANPASSUNGSVERMÖGEN

mit Eva Walkner

TIEFSCHNEE KANN JEDER. EIN RICHTIG GUTER FREERIDER BIST DU ABER ERST, WENN DU SELBST AUS DEN **SCHLECHTESTEN SCHNEEBEDINGUNGEN** DAS BESTE MACHEN KANNST.

Freeride-Shots entstehen fast ausschließlich im bodenlosen Pulverschnee. Doch die Realität der Pros sieht oft anders aus, weiß auch Eva Walkner aus Salzburg, die seit Jahren auf der Freeride World Tour unterwegs ist: „Hier in den Alpen gibt es jede Saison vielleicht zehn, 15 perfekte Tage mit tiefem Powder und Blue Bird. Dazu kommen dann noch fünf Pulver-Tage bei Schneefall für Pillows im Wald. Aber das heißt nicht, dass man sonst keinen Spaß haben kann. Ein guter Skifahrer wirst du sowieso an den schlechten Tagen. Denn im Pulverschnee kann jeder fahren. Ein richtig guter Skifahrer bist du, wenn du bei schlechten Bedingungen trotzdem so gut fährst, dass man gar nicht sieht, wie miserabel der Schnee ist. Auf der World Tour muss ich auch mit allen Bedingungen zurechtkommen. Wie in Verbier vor zwei Jahren, als der Schnee so extrem zwischen Harsch, Eis und Pulver gewechselt hat, dass schon die beiden Vorläufer gestürzt sind. Wenn man dann nur Pulver fahren kann, ist das schlecht. Aber wenn man blitzschnell reagieren und sich anpassen kann, weil man solche Bedingungen gewohnt ist, dann ist das nicht so schlimm."

Doch wie passt man sich dem Schnee an? Eva erklärt, welche Auswirkungen Firn, Pulver oder Eis auf ihre Line haben:

❶ POWDER:

Der Tag war trügerisch. Es hatte 20 bis 30 Zentimeter geschneit, und alles sah perfekt aus. Aber die Unterlage war bockhart gefroren und durch den leichten Pulver ist man ständig auf das Eis durchgekommen. Deshalb fiel die Landung von dem knapp sieben Meter hohen Cliff auch etwas härter aus. Perfekt wäre es gewesen, wenn 30 Zentimeter Neuschnee mehr gefallen wären, dann hätte ich vielleicht zum Start noch ein kleines Cliff mitgenommen. Aber an diesem Tag sah mir das Face oben etwas zu „sharky“ dafür aus.

❷ VERSPURT:

Auf der World Tour habe ich manchmal Startnummern jenseits der 50 und das heißt, dass man nicht die beste Line wählt, sondern da fährt, wo die wenigsten Spuren und Bombholes sind. Wenn ich hier gesehen hätte, dass der Hang zerfahren ist, hängt es davon ab, wie stark. Drei oder vier Spuren wären egal. Aber je zerpflügter der Hang ist, desto schneller wird man. Wenn es kaum mehr Tiefschnee gäbe, müsste man die Linie anpassen und etwas Tempo rausnehmen. Das Cliff ist recht breit, daher könnte man wohl springen, wo noch kein Bombhole in der Landung wartet. Beim Absprung macht es auch einen riesigen Unterschied, ob ich die erste Spur mache oder schon ein paar andere gesprungen sind. Wenn der Schnee schon plattgerutscht ist, dann wird man so schnell und fliegt so weit und hoch, dass das eine komplett andere Flugkurve wird. Meist wird die Landung auch flacher je weiter man springt, das macht es nochmal schwerer, den Sprung sauber zu landen. Eine typische Falle sind auch Querspuren direkt unter dem Cliff. Dann muss man kürzer oder länger springen – nur nicht genau treffen.

❸ FIRN:

Unverspurter Firn ist perfekt, um Gas zu geben. Deshalb würde ich es von Anfang an richtig laufen lassen. Das Cliff würde ich nicht springen. Bei der Höhe wäre das eine ziemlich harte Landung. Bei Firn wird man ja nicht so sanft abgefangen wie im Powder, und diese Landung hier ist dazu noch relativ flach. Da riskiert man, dass man sich die Knie ins Gesicht rammt.

❹ EIS:

Wenn es hart und eisig ist, würde ich es langsamer angehen lassen. Vielleicht lieber eine richtig steile Rinne suchen, die technisch anspruchsvoller ist. Das Cliff würde ich weglassen und höchstens kleinere Felsen springen.

WORST CASE:

Ein drei Zentimeter dicker Harschdeckel. Aber je schlechter der Schnee, desto mehr lernt man!

KISSENSCHLACHT

mit Marco Feichtner

PILLOW LINES KÖNNEN DIR DEN RUN DES TAGES SCHENKEN, DICH ABER AUCH SCHNELLER ABWERFEN ALS EIN WILDGEWORDENER STIER. EINER, DER DAS GENAU WEISS, IST MARCO FEICHTNER. DER ÖSTERREICHER LEBT DAVON, SICH ÜBER DIE GRÖSSTEN KICKER ZU WERFEN UND DIE UNMÖGLICHSTEN PILLOW LINES MÜHELOS ZU STEHEN – SOMIT DER IDEALE MANN FÜR UNSERE BACKCOUNTRY-FAHRSCHULE TEIL 1: **PILLOW LINES**

Das Ziel deiner Träume: Die perfekte Pillow Line sieht wie eine tief verschneite Treppe aus. Alle Pillows sind in etwa gleich groß und ziehen sich im gleichen Abstand voneinander den Hang nach unten. Außerdem sollte die Oberseite der einzelnen Pillows nicht vollkommen gerade, sondern schon leicht nach unten geneigt sein.

Bloß nicht: Das falsche Tempo wählen. Bist du zu schnell, hebst du vom ersten Pillow ab und fliegst bis ganz nach unten ins Flat. Bist du zu langsam, landest du zu weit hinten auf dem nächsten Pillow. Dann staucht es dich genauso zusammen wie im Funpark, wenn du zu kurz über einen Kicker springst und auf dem Table einschlägst.

Besser: Genau so viel Schwung nehmen, dass du beim Landen immer ungefähr das äußerste Drittel des nächsten Pillows triffst. Das ist wie einen Stein über einen See hüpfen zu lassen: Du fällst, landest, fällst, landest, fällst... Ich fahre Pillow Lines immer mit ein bisschen Rückenlage und komme mit dem Tail zuerst auf. Aber nicht zu weit nach hinten legen, sonst hebt es dich aus und du fliegst plötzlich Kopf voraus auf das nächste Pillow zu.

Ganz schlecht: Den Auslauf unterschätzen. Verläuft ein Forstweg nur wenige Meter unter deiner Pillow Line? Dann gehe besser nicht davon aus, dass du vor dem Hindernis locker bremsen kannst. Pillow-Regel Nr. 1: Du wirst immer schneller als erwartet. Genauso schlecht ist ein Auslauf, der aus einer schmalen Schneise im Wald besteht, die du genau treffen musst. Denn einmal von deiner Line abgekommen, wird es schwer, die Richtung wieder zu korrigieren. Schließlich bist du die meiste Zeit in der Luft und berührst den Schnee immer nur für einen kurzen Augenblick – mach da mal einen Turn!

Dein Freund: Powder! Er bremst dich ab und hilft dir, die Kontrolle zu behalten. Eine Lektion, die ich in Japan lernen musste. Damals bin ich eine Pillow Line gefahren und beim ersten Mal hat auch alles geklappt. Dann hatte ich Pech und bin beim zweiten Run genau in meiner alten Spur gelandet. Da war natürlich kein Tiefschnee mehr und ich wurde regelrecht von dem Pillow wegkatapultiert. Im nächsten Augenblick sah ich auch schon einen Baum vor mir, konnte gerade noch mein Board querstellen und bin voll auf dem Stamm eingeschlagen. Das Resultat: ein gebrochenes Board und eine Platzwunde über dem Auge.

Next Level: Pillows, die nicht schön untereinander liegen, sondern weiter auseinander. So dass du tatsächlich über kleine Mini-Gaps von Pillow zu Pillow springen musst. Bei so einer Line ist Vorbereitung alles. Du musst wissen, welche Distanz zwischen den Pillows zu überwinden ist, wie steil das Gelände ist, welche Neigung die Pillows haben und dann darauf vertrauen, dass du alles richtig eingeschätzt hast.

SUCHHILFE

„JE TIEFER, DESTO BESSER“ GILT IMMER – AUSSER DU SUCHST DEINEN SKI IM FRISCHEN POWDER

Freeskier Teddy Berr, der für eine gute Show auch mal einen Crash riskiert, weiß genau, wie lange sich so ein Versteckspiel hinziehen kann: „Das ist manchmal wie verhext. Einmal hatte ich schon eineinhalb Stunden nach einem Ski gesucht und war gerade dabei, aufzugeben. Dann stieg ich in die Bindung des übrig gebliebenen Skis, drehte mich um und – Bang – stand praktisch auf dem Zweiten. Da fragt man sich schon, was man eigentlich 90 Minuten lang falsch gemacht hat. Aber manchmal taucht ein Ski einfach ab und legt unter der Oberfläche noch ein paar Meter zurück, ohne die kleinste Spur zu hinterlassen. Wie soll man da wissen, wo man suchen muss?“

Unter Skiguides sind inzwischen zwei Techniken verbreitet, um ihren Kunden Abfahrten auf nur einem Ski zu ersparen:

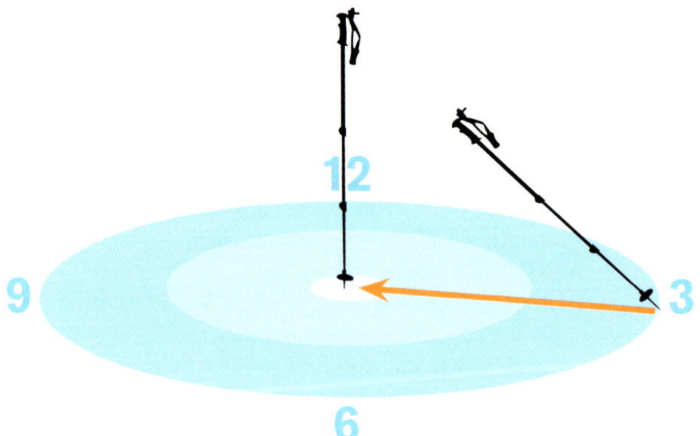

DIE UHR:

Typisch und völlig falsch ist, nach einem Sturz planlos herumzulaufen und mit den Stöcken im Schnee zu stochern. Vielleicht findet man mit Glück so tatsächlich seinen Ski. Falls nicht, verliert man zwischen all den Fußspuren innerhalb kurzer Zeit die Orientierung und hat keine Ahnung mehr, wo man eigentlich gestürzt ist. Kurz: Man macht mit jedem Schritt die Suche schwieriger. Daher als allererstes dort einen Stock in den Schnee rammen, wo man liegen geblieben ist, und die Suche von diesem Punkt aus beginnen.

Dazu den zweiten Stock als Verlängerung des Arms benutzen, so weit wie möglich von sich entfernt in den Schnee rammen und in einer geraden Linie durch den Pulver wieder zu sich heranziehen. Dabei stellt man sich vor, im Mittelpunkt eines Uhrenziffernblattes zu stehen und beginnt bei 12 Uhr. Dann dreht man sich im Uhrzeigersinn ein kleines Stück weiter, macht den nächsten Versuch bei 1 Uhr und arbeitet sich so Stunde um Stunde vor, bis man wieder bei 12 Uhr angekommen ist. So dauert es nur zwei oder drei Minuten, um einen Kreis mit einem Durchmesser von knapp vier Metern abzusuchen. Nichts gefunden? Dann das nächste Areal darüber, daneben oder darunter vornehmen.

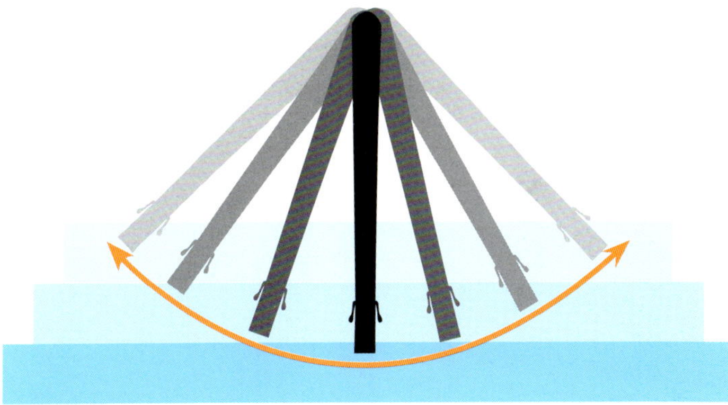

DAS PENDEL:

Diese Methode basiert auf der Erfahrung, dass Ski praktisch immer oberhalb des Gestürzten liegen bleiben, da der Körper mehr Masse hat und somit länger braucht, bis er zum Stillstand kommt.

Als erstes wieder einen Stock in den Schnee stecken, um den Startpunkt der Suche zu markieren. Dann den verbleibenden Ski oder den eines Buddys senkrecht vor sich halten, wie ein Pendel von links nach rechts schwingen und dabei das Skiende bis zur Bindung durch den Schnee gleiten lassen. Anschließend einen Schritt bergauf machen und erneut mit dem Ski durch den Schnee schneiden. So lange wiederholen, bis man die Stelle erreicht, an der der Sturz begann. Falls man kein Glück hat: Zurück zum Ausgangspunkt und seitlich neben der ersten Suchspur von vorne beginnen. So sucht man jedes Mal einen etwa eineinhalb Meter breiten Streifen ab.

Falls beide Bindungen auslösen, hilft es, sich zu erinnern, ob das im selben Moment passierte oder welcher Ski sich zuerst verabschiedet hat. Denn sobald man einen Ski wiedergefunden hat, kann man grob abschätzen, wo der zweite liegen sollte: Haben beide Bindungen gleichzeitig ausgelöst, liegen auch beide Ski nah beieinander. Hat man zuerst den linken Ski verloren und findet ihn, dann müsste der rechte unterhalb der Fundstelle vergraben sein.

BAUMSCHULE

mit Marco Feichtner

DER SNOWBOARD-PRO AUS DEM MONTAFON KENNT NICHT **NUR JEDE VERSTECKTE LINE IN SEINEM HOME RESORT,** SONDERN WEISS AUCH GENAU, WO DIE NO-GO-AREAS BEGINNEN. PERFEKTE VORAUSSETZUNGEN FÜR UNSERE BACKCOUNTRY-FAHRSCHULE TEIL 2: **TREE RUNS**

RUSSISCHES ROULETTE:

Irgendwo von der Piste auf gut Glück in den Wald abzubiegen, ist eine ziemlich dumme Idee. Genauso wie bei Big Mountain-Lines musst du auch bei Tree Runs genau wissen, was dich erwartet und wo du am Ende der Abfahrt rauskommen wirst. Denn im Wald können alle möglichen bösen Überraschungen auf dich warten: Senkrechte Felsabbrüche zum Beispiel oder Tobel und Rinnen, die so eng werden, dass sie absolut unbefahrbar sind. Bist du einmal in so eine Falle getappt und musstest dich stundenlang im Tiefschnee zurück ins Skigebiet quälen, gehst du deinen nächsten Tree Run garantiert etwas vorausschauender an. Tatsächlich sind Abfahrten im Wald oft schwieriger zu planen als im offenen Gelände. Dichter Nadelwald ist eben einfach nicht so übersichtlich wie ein baumloses Face.

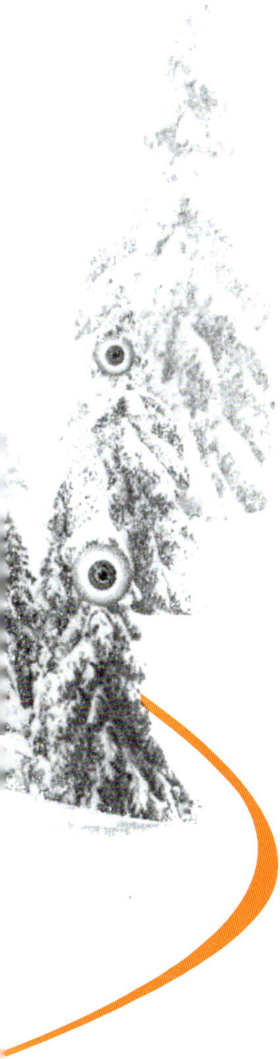

DAS ZIEL DEINER TRÄUME:

ist eine Schneise im lichten Wald. Denn wenn die Bäume zu eng stehen, gibt es am Boden meist nur eine dünne Schneedecke. Außerdem wird flüssiges Fahren immer schwieriger je dichter der Wald ist. Einerseits weil du nicht mehr so viel Platz für deine Turns hast, andererseits aber auch weil du nur noch wenige Meter deiner Line vor dir sehen kannst. Das heißt, dass du auf Bäume und Hindernisse nur noch reagieren kannst, anstatt zu agieren, wenn du deine Line komplett von oben sehen und im Kopf planen kannst.

DIE GOLDENE REGEL:

Der Körper folgt den Augen. Daher nicht den Baum vor dir fixieren, sondern die Lücke daneben – alles andere endet abrupt und schmerzhaft. Meist macht man das auch ganz automatisch. Nur wenn es richtig knapp zugeht und der nächste Baum rasend schnell näher kommt, neigt der Mensch dazu, das Hindernis zu fixieren anstatt den Ausweg direkt daneben.

NEXT LEVEL:

Speed ist dein Freund. Immer, überall und auch im dichten Wald macht ein Run mit Tempo mehr Spaß. Aber bei Tree Runs heißt es auf engstem Raum zu navigieren, und die Sturzräume sind denkbar klein. Also bei unbekannten Runs nicht zu optimistisch Gas geben, sondern auf Sicht fahren. Wer weiß schon, was hinter der nächsten Kuppe lauert und ob der Platz für eine Notbremsung ausreicht.

WORST CASE:

Ein Förster, der dich am Ende des Runs in Empfang nimmt und dir eine Rechnung über ein paar hundert Euro präsentiert. Bei uns in Österreich gibt es sehr viel Jungwald und Waldschutzgebiete, die man nicht befahren darf. Da sollte man sich schon die Frage stellen, ob es sich lohnt, nur für den eigenen Spaß die Natur zu schädigen und eine Geldstrafe zu riskieren. Bei mir daheim im Montafon wartet die Polizei oft bei bekannten Runs und verpasst dir umgehend einen Strafzettel!

GEWINNGARANTIE

UM FESTZULEGEN, WER DEN CRASHTEST-DUMMY MACHT UND SICH ALS ERSTER ÜBER DEN FRISCH GESCHAUFELTEN KICKER ODER DAS NÄCHSTE CLIFF WIRFT, HAT SICH WELTWEIT EIN ÄUSSERST EFFIZIENTES SYSTEM ETABLIERT: **SCHNICK-SCHNACK-SCHNUCK** BEZIEHUNGSWEISE STEIN-SCHERE-PAPIER. WER VERLIERT, SPRINGT ZUERST!

Reine Glücksache also, sagst du? Völlig falsch! Denn Stein-Schere-Papier hat nur mit Zufall zu tun, wenn du nicht weißt, wie man gewinnt. Und das geht so...

1. SCHRITT **GEGNER EINSCHÄTZEN:**

Ist dein Gegenüber noch recht unerfahren in Schnick-Schnack-Schnuck? Dann wird er ziemlich sicher mit Stein beginnen – statistisch der am häufigsten gewählte Start. Mit Papier zu beginnen, ist daher ideal.

Hat er Stein-Schere-Papier vollkommen verinnerlicht und spielt bei jeder Gelegenheit? Dann kennt er die beliebteste Eröffnung und wird auf keinen Fall mit Stein beginnen. Falls du nun mit Schere beginnst, gewinnst du entweder das Duell (gegen Papier) oder erzielst zumindest ein Unentschieden.

Hat er noch nie gespielt und muss sich erst die Regeln erklären lassen? Dann greife in die mentale Trickkiste. Während du das Spiel erklärst, zeigst du eines der drei Symbole einfach viel öfter als die anderen. Wetten, dass dein Gegner dann genau den Wurf zeigt, den du ihm ständig vorgemacht hast? Denn der Mensch liebt es, andere nachzuahmen – wenn auch unterbewusst.

2. SCHRITT **RICHTIG REAGIEREN:**

Kaum jemand zeigt einen Wurf dreimal hintereinander. Wenn zum Beispiel dein Gegner gerade zweimal Stein gezeigt hat, dann folgt Papier oder Schere. Wenn du nun selbst Schere zeigst, kannst du nur gewinnen oder unentschieden spielen.

Wenn ein Spieler eine Runde verloren oder unentschieden gespielt hat, wählt er als nächstes unterbewusst oft einen Wurf, der seinen vorangegangenen Wurf schlagen würde. Wenn er zum Beispiel gerade Papier gezeigt hat, folgt nun mit hoher Wahrscheinlichkeit Schere. Wer das weiß, kontert mit Stein und gewinnt.

Wenn du gar nicht mehr weiter weißt, zeige Papier. Denn laut der amerikanischen Rock-Paper-Scissor-Society werden nicht alle drei Symbole mit der gleichen Häufigkeit gezeigt und Schere mit 29.6 Prozent am seltensten. Folglich ist Papier rein nach der Wahrscheinlichkeit eine gute Wahl.

3. SCHRITT **SCHMUTZIGE TRICKS:**

Kündige deinen nächsten Wurf an und niemand wird glauben, dass du ihn wirklich zeigst. Wenn du also Papier ankündigt, schließt dein Gegner Papier aus und wird sicher nicht Schere zeigen, sondern Stein oder Papier. Zeigst du nun wirklich Papier, gewinnst du oder spielst unentschieden. Ein Trick, der übrigens nur einmal funktioniert.

Wähle eine der sechs verschiedenen Wurffolgen, die sich im jahrelangen Einsatz als äußerst erfolgreich erwiesen haben (wenn über drei Runden gespielt wird):

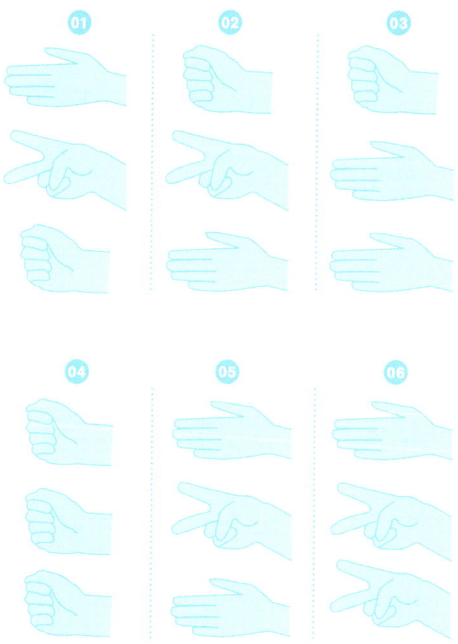

Nur nebenbei:
2005 konnte sich ein japanischer Kunstsammler nicht entscheiden, welches Auktionshaus seine Sammlung im Wert von zehn Millionen Pfund versteigern sollte: Christie's oder Sotheby's. So beschloss er, dass eine Runde Schnick-Schnack-Schnuck entscheiden sollte. Der Chef von Christie's gewann mit Schere gegen Papier. Die Strategie hatte seine elfjährige Tochter festgelegt. Sie meinte: „Jeder erwartet, dass du mit Stein beginnst und zeigt daher als erstes Papier. Wenn du aber mit Schere startest..."

FERNE ZIELE

Früher war alles besser? Zumindest gab es First Lines noch im Überfluss, meist sogar mitten im Skigebiet. Gleichgesinnte traf man im Backcountry nur selten und wenn doch, war man froh, den Stoke über die soeben gezogene Line mit jemandem teilen zu können.

Zu diesem Zeitpunkt, Anfang der 90er, hatte der damalige Snowboard-Pro Peter Bauer bereits mehrere Welt- und Europameistertitel gewonnen und war auf der Suche nach neuen Herausforderungen, als es ihn das erste Mal nach Alaska zog: Ein Ort, der für Freerider wie eine Verheißung klang. „20 bis 30 Meter Schneefall pro Saison! Außerdem so sichere Schneeverhältnisse, dass man dort steilere Hänge fahren konnte als in Europa je denkbar gewesen wären", erzählt der heute 46-Jährige.

Als Peter Bauer dann 1994 zum ersten Mal nach Valdez, dem heutigen Mekka aller Heliboarder und -skier, reiste, gab es lediglich ein einziges Unternehmen, das Helikopterflüge auf die ansonsten unzugänglichen Gipfel der umliegenden Chugach Range anbot. „Das lief wie beim Autoscooter. Eine Runde Heli kostete 18 Dollar, und je nachdem wie viele Runs man am Tag machen wollte, kaufte man am Schalter einfach eine Handvoll Chips", erinnert sich Peter. „Dann stieg man in den Heli und los ging es – ganz ohne Bergführer oder Sicherheitstraining. Man zeigte einfach auf einen Gipfel und der Pilot flog einen hin." Seit seinem ersten Besuch hat sich einiges verändert, weiß Peter, der seitdem so gut wie jedes Jahr nach Alaska zurückkehrte. Pro Rider, Film-Crews, kommerzielle Freeride-Anbieter – an guten Tagen geht es heute auf den Gipfeln rund um Valdez zu wie in der Anflugschneise eines Taubenschlags. „Mittlerweile gehen dort jeden Tag sicher 30 Helis in die Luft", erzählt Peter. „Die Preise haben sich ver-zehnfacht und die Leute verhundertfacht – leider."

UM HEUTE IN DEN GENUSS UNBERÜHRTER HÄNGE ZU KOMMEN, MUSS MAN ENTWEDER SEHR FRÜH AUFSTEHEN, SEHR LANG HIKEN ODER SEHR WEIT FLIEGEN

Aber nicht nur in Alaska ist es voller geworden. Um heute in den Genuss unberührter Hänge zu kommen, muss man entweder sehr früh aufstehen, sehr lang hiken oder sehr weit fliegen. Und selbst dann ist nicht garantiert, dass du perfekte Bedingungen vorfindest. Vielleicht stehst du auch plötzlich neben 15 hochmotivierten Amerikanern am Drop-In. Oder du sitzt seit zwei Wochen in einer heruntergekommenen Bar in Alaska die Zeit ab, weil dir das Wetter einen Strich durch dein Heli-Abenteuer gemacht hat. Doch wer weiß, wo wann auf der Welt der beste Schnee fällt, wie man selbst in Gebieten wie Chamonix den Crowds noch ein Schnippchen schlagen kann und was man für einen Winter-Campingtrip alles braucht, ist klar im Vorteil.

Früher mag es vielleicht leichter gewesen sein, eine First Line zu erwischen, aber wieso soll der kürzeste Weg eigentlich immer der beste sein?

POWDERJAGD

mit Eric Themel

WO FÄLLT **DER BESTE SCHNEE DER WELT**? ERIC THEMEL ALS WAHRES URGESTEIN DER FREERIDE-SZENE SOLLTE ES WISSEN...

Der beste Platz, um dir den Kick deines Lebens zu holen, ist wahrscheinlich Alaska. Dort liegen die Berge direkt am Meer und wenn es schneit, dann viel und lange. Der Schnee dort ist aber nicht leicht und trocken, sondern ein wenig feuchter und schwerer. Perfekt, denn so bleibt er auch an den steilsten Hängen regelrecht kleben. Faces, die in den Alpen eine reine Felswand wären, bekommen so eine meterdicke Schneeauflage. Deshalb sind in Alaska Runs möglich, von denen man hier in Europa nur träumen kann. Vorraussetzung ist allerdings eine gewisse mentale Stärke. Denn eine richtige Alaska-Line ist lang, steil und schnell, oder in einem Wort: krass.

Für den besten Schnee deines Lebens würde ich Kanada empfehlen. Ich bin einmal nach British Columbia geflogen, kurz nachdem dort innerhalb von zwei Wochen dreieinhalb Meter Neuschnee zusammengekommen waren. Was hier wohl Katastrophenalarm ausgelöst hätte, ist da ganz normal. Der Powder war so tief, dass ich teilweise bis zu den Schultern einsank, sobald ich aus der Bindung gestiegen bin. Gleichzeitig war der Schnee aber auch so leicht, dass man durchlaufen konnte, so wie durch Styroporkugeln oder brusttiefes Wasser. Einmal bin ich mit offenem Mund durch den Spray meines letzten Turns gefahren und gleich darauf hustend zusammengebrochen. Die Schneekristalle hatten mir Mund und Nase schlagartig so verstopft, dass ich keine Luft mehr bekam. In den Alpen habe ich etwas Vergleichbares erst einmal im französischen Meribel erlebt. Der Neuschnee reichte bis zur Hüfte und war so locker, dass keinerlei Widerstand zu spüren war. Kaum ist man losgefahren, war man von einer riesigen Schneewolke umgeben. Dabei war es sogar egal, ob die Nose meines Boards über oder unter dem Schnee war. Ansonsten erlebe ich die besten Tage in den Alpen oft bei dichtem Schneefall. Wenn ich durch den Wald rase, während die dicksten Flocken noch vom Himmel fallen. Dann hat sich der Schnee noch nicht gesetzt und die Kristalle sind noch nicht durch höhere Temperaturen, Wind oder Sonne in Mitleidenschaft gezogen. An solchen Tagen ist der Pulver lockerer, staubt mehr und wenn du stürzt, ist es wie in einen Haufen Federn zu fallen. Leider bekommen die Alpen aber selten Neuschneemengen von einem Meter und mehr.

PERFEKTES TIMING IST BEI DER POWDERJAGD EINFACH ALLES! BIST DU NUR EINEN TAG ZU SPÄT, KANN SCHON WIEDER ALLES VORBEI SEIN

In Japan gibt es dagegen fast eine Garantie auf Neuschnee bis zum Abwinken. Wenn da eine Schlechtwetterfront auf die Berge trifft, schneit es ohne Ende. Die Japanischen Alpen liegen eben fast direkt am Meer. Bei uns in Europa muss ein Tiefdruckgebiet bis zu den Alpen erst halb Europa überqueren und lädt auf diesem Weg schon die Hälfte des Niederschlags ab.

Noch seltener ist Powder auf der Südhalbkugel in Neuseeland. Wenn es schneit, herrscht fast immer Sturm und der starke Wind bläst alles wieder weg. Zurück bleiben harte, abgeblasene Hänge und spiegelglatte Eisplatten. Aber es gibt auch Ausnahmen. Ich hatte in Neuseeland beim Heliboarden ein paar meiner besten Runs überhaupt.

Powder gibt es eben überall, aber leider nicht immer. Ich hatte auch schon in Alaska-Trips, die ich nicht für möglich gehalten hätte: Drei Wochen vor Ort und nur einen halben Tag am Berg, weil das Wetter einfach nicht aufklaren wollte. Perfektes Timing ist bei der Powderjagd einfach alles!

Eric Themel trat als Snowboard-Pro schon Ende der 90er beim Verbier Extreme an und flog für Videos um die ganze Welt. Heute veranstaltet er Freeride-Events bei sich zu Hause im Montafon.

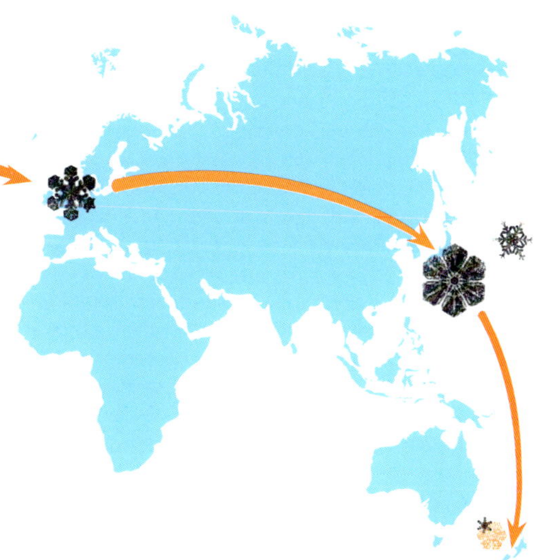

TIEFER SÜDEN

mit Miles Clark

WIE FÜHLT SICH DER WINTER IN **ARGENTINIEN** AN, UND WANN BIST DU DORT ZUR RICHTIGEN ZEIT AM RICHTIGEN ORT?

Miles Clark arbeitete schon als Skiguide, Schreiner, Barkeeper und Journalist, um sich sein Leben als Ski Bum zu finanzieren. Im Winter nennt der Amerikaner Lake Tahoe sein Zuhause, im Sommer zieht es ihn auf die Südhalbkugel. So verbrachte er schon vier Winter in Argentinien. Nur 2012 machte er eine Pause, um wenigstens einen Sommer lang etwas Sonne auch unterhalb des Halsansatzes abzubekommen. News von Miles gibt es unter www.snowbrains.com.

Wo: Es gibt eine Menge kleiner Skigebiete in Argentinien, aber eigentlich bleiben alle ‚Gringos' – also Ausländer – in einem der beiden größten Resorts: Las Leñas oder Cerro Catedral nahe der Stadt Bariloche, hängen. Wer eine Saison in Argentinien erleben will, dem rate ich zu Cerro Catedral. Ich mache es genauso. Der entscheidende Vorteil hier ist die Schneesicherheit. Du kannst dich darauf verlassen, dass es öfter schneien und die Schneedecke mächtiger sein wird als in den nördlicheren Resorts. Las Leñas würde ich als eines der besten Skigebiete der Südhalbkugel bezeichnen, wenn die Bedingungen gut sind. Leider kommt das selten vor. In den letzten sechs Jahren bekam Las Leñas so wenig Schnee, dass es maximal eine gute Woche pro Saison gab.

Was: Bariloche ist eine Küstenstadt und der Schnee etwas feuchter sowie die Schneedecke stabiler. Wenn die Schneegrenze tief genug ist, findest du in den niedriger gelegenen Teilen von Cerro Catedral ein paar der weltbesten Tree Runs. Der Abstand zwischen den Bäumen in den Lenga-Wäldern ist wie für Freerider gemacht. Oberhalb der Baumgrenze gibt es rund um das Skigebiet etliche kurze steile Faces, Rinnen und kleine Cliffs an jeder Ecke. Das Gelände ist ein wahrer Spielplatz, nur wirst du kaum eine Line von mehr als 600 oder 700 Höhenmetern finden. Manchmal laufen auch ein paar Lifte nicht, dann sind mittels Hike lange Powder Runs mitten im Skigebiet zu erreichen.

Abseits der Pisten ist nur eine Handvoll Locals unterwegs. Ein Grund ist, dass die ganze Lawinenausrüstung hier astronomisch teuer ist und so etwas wie Lawinenkurse vollkommen unbekannt sind. Dafür gibt es aber etliche Gringos, die sich hungrig auf jeden Powderfleck stürzen. Das Backcountry ist allerdings so weitläufig, dass dort immer frische Lines warten, wenn rund um das Resort jedes Face zerfahren ist.

Wer allerdings einmal Las Leñas bei gutem Schnee erlebt, der wird diesen Tag nie vergessen. Vorausgesetzt der Sessellift Marte ist offen. Die Lines unter dem Lift sind lang, steil und ein Riesenspaß. Wer dann noch von der Gipfelstation des Marte ins Backcountry tourt, der findet enge Rinnen, Spines und große Faces von fast 1.000 Höhenmetern. Der Marte-Lift ist aber leider oft außer Betrieb – wegen Wind, Lawinengefahr oder Wartungsarbeiten.

Wann: Generell ist der Winter hier mit seinen Schneemengen nicht mit einem Winter auf der Nordhalbkugel vergleichbar und die Skisaison nur kurz. (Dafür gibt es aber eine Partykultur, mit der sich die Nordhalbkugel nicht messen kann.) Die Skigebiete öffnen Mitte Juli, aber dann liegt noch sehr wenig Schnee und es sind Winterferien in Südamerika. Kurz: Es ist voll, teuer und lohnt sich nicht. Wer die ganze Saison hier verbringen will, sollte erst Ende Juli auftauchen und bis Anfang Oktober bleiben. Wer einen Monat hat, dem rate ich zu Mitte August bis Mitte September, das ist die beste Zeit. Davor ist die Schneedecke noch zu dünn und danach ist schon Frühlings-Skifahren angesagt. Die Kraft der Sonne ist hier eben nicht zu unterschätzen.

Wieviel: Die Preisgestaltung ist hier etwas bizarr. Der Peso wird zwar jedes Jahr etwas schwächer, billiger wird es allerdings nicht. Denn mit jeder Abwertung der Währung werden die Preise etwas angehoben und so bleiben die Kosten für Gringos gleich. Ein Trick ist, US-Dollar auf dem Schwarzmarkt zu tauschen, dort bekommt man bis zu 35 Prozent mehr. Essen, Übernachtungen und Transport sind billig. Hostels kosten teils nur 15 Dollar pro Nacht und ein ganzes Haus habe ich sogar schon für 600 Dollar im Monat gemietet. Das einzige, was verdammt teuer ist, sind Skipässe. Ein Saisonpass für drei Monate kostet 3.000 Dollar, für einen Monat 1.000 Dollar und eine Tageskarte 50 Dollar.

(1 Euro = 1.33 Dollar = 7.52 Arg. Peso, Stand: August 2013)

HOHER NORDEN

mit Dean Cummings

WARTET IN **ALASKA** DIE LINE DEINES LEBENS UND KANNST DU SIE DIR ÜBERHAUPT LEISTEN?

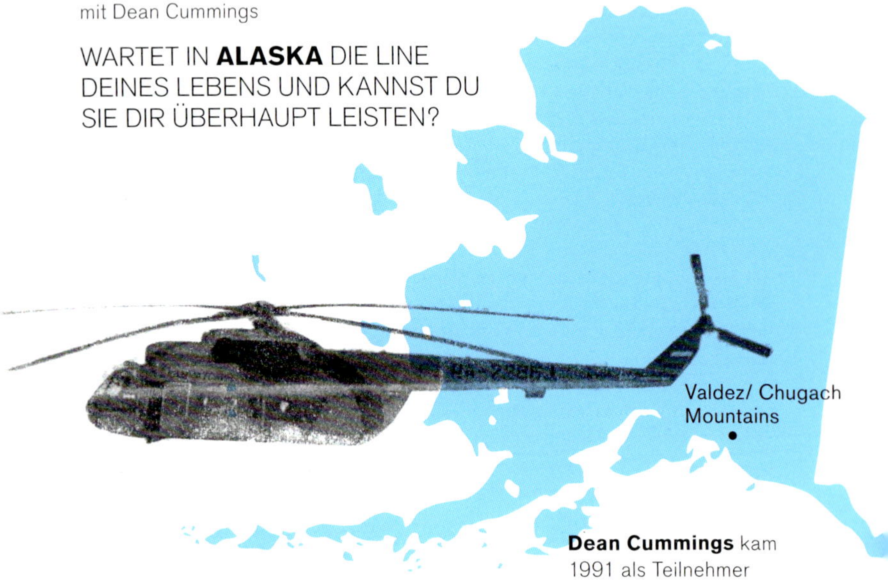

Dean Cummings kam 1991 als Teilnehmer der World Extreme Skiing Championships zum ersten Mal nach Valdez und musste feststellen, dass er die besten Berge der Welt mit dem besten Schnee der Welt gefunden hatte. Der Amerikaner wollte nicht mehr weg und gründete dort 1995 seine Heliski-Firma H2o-Guides, die er heute noch führt.

Wo: In Alaska gibt es einige Bergketten, die viel Potential für Skitouren oder Heliskiing haben. Meiner Meinung nach kann es aber keine mit den Chugach Mountains rund um Valdez aufnehmen. Das gesamte Gebiet ist 400 Kilometer lang, 160 Kilometer breit, und selbst mit einem Helikopter reicht ein Leben nicht aus, um von allen Gipfeln einmal abzufahren. Wer darüber fliegt, fühlt sich wie über einem gefrorenen Ozean aus Eis und Schnee. Tatsächlich sind bisher auch nur zwei Prozent aller Gipfel auf offiziellen Karten mit eigenen Namen eingetragen. Außerdem gibt es nur wenige Orte auf der Welt, an denen es mehr schneit als in den Chugach Mountains. 25 Meter Schneefall in einer Saison sind hier ganz normal. Der Grund sind kalte Luftmassen aus der Arktis, die genau über unserer Bergkette mit feuchten Luftströmungen vom Pazifik zusammentreffen und so für Schneefall ohne Ende sorgen. Während des Winters versinken in Valdez selbst kleinere Gebäude im Schnee, und neben den Straßen wachsen weiße Wände in den Himmel.

Was: Die Besonderheiten des Alaska-Schnees sind inzwischen ja bekannt: Durch die Küstennähe feucht genug, dass er regelrecht an den Felsen klebt und so die steilsten Lines möglich macht. Aber der Schnee lässt dich auch besser fahren. Es ist diese samtweiche, fast elastische Konsistenz, die die Energie deiner Turns zu absorbieren scheint und dir ein unglaublich sicheres Fahrgefühl gibt. Schnell fühlt sich dann plötzlich nicht mehr ganz so schnell an.

An Geländeformen gibt es alles – von steilen Spines und Rinnen über große Faces bis zu sanften Gletscher-Runs. Viele der Berge beginnen direkt auf Seehöhe und erreichen über 2.000 Meter. Abfahrten von 1.200 Höhenmetern sind normal und können bis zu einer Stunde dauern. Per Helikopter sind aber leicht 6.000 Höhenmeter pro Tag auf Ski oder Snowboard zu schaffen. Ich war schon überall auf der Welt skifahren und sage: Alaska gehört zum Besten, was ein Freerider erleben kann. Es gibt auch unglaubliche Tourenmöglichkeiten rund um Valdez, um aber weiter entfernte Berge zu erreichen, ist der Helikopter unschlagbar. Außerdem ist ein erfahrener Heli-Guide, der die Chugach Mountains kennt, zugleich ein Sicherheitsbonus. Denn diese vergletscherte Bergwelt steckt voller Gefahren.

Wann: Die beste Zeit für Heliskiing ist von Ende Februar bis Ende April. Dann ist das Wetter etwas stabiler als im tiefsten Winter und die Tage lang genug, um auch ein paar Touren zu unternehmen. Schnee liegt sowieso schon mehr als genug. Aus meiner Erfahrung sage ich, dass die beiden letzten Wochen im März und die beiden ersten Wochen im April den meisten Sonnenschein in Kombination mit dem besten Schnee haben. Das Wetter ist in Alaska eben die große unbekannte Variable. Manche unserer Heliski-Kunden bleiben zwischen zwei und vier Wochen, um wirklich absolute Traumbedingungen zu bekommen. Meistens reicht aber auch eine Woche, um ein paar echte Heliski-Tage zu erleben. Bei schlechtem Wetter sind Touren in relativ flachem Gelände möglich, aber natürlich dient das nur zum Zeitvertreib beim Warten auf Flugwetter.

Wieviel: Bei mir kostet 2014 ein Tag Heliskiing mit sechs Abfahrten 1.333 Dollar. Pakete mit fünf Übernachtungen und drei Heli-Tagen gibt es für etwa 4.500 Dollar, sieben Übernachtungen mit fünf Heli-Tagen für rund 7.500 Dollar. Wer sich für einen Trip entscheidet, sollte so früh wie möglich buchen – für die besten Wochen Ende März und Anfang April möglichst schon im Sommer. Im Dezember sind wir dann meistens für die ganze Saison ausgebucht. Ideal ist eine Gruppe von vier Freunden, die dann einen Helikopter für sich alleine bekommen. Wer alleine kommt, kann sich zwar immer einer Gruppe anschließen. Doch dann muss man vielleicht Kompromisse in der Linienwahl eingehen, weil nicht jeder das gleiche Niveau auf Skiern oder Snowboard hat.

FERNER OSTEN

mit Nick Kowal

WANN FÄLLT DER MEISTE SCHNEE IN **JAPAN** UND WIE REAGIEREN DIE GEISTER AUF FREERIDER IN IHREN WÄLDERN?

Nick Kowal stammt aus Kanada und kam 1995 zum ersten Mal nach Japan. Ein Winter, in dem es nicht aufhörte zu schneien und Nick zum Powder-Junkie wurde. 1998 kehrte er dann zurück und lebt seitdem in Japan. Zuerst gab er Englischunterricht und sparte genügend Geld, um im Dezember 2006 schließlich sein eigenes Gästehaus, die Hakuba Powder Lodge, zu eröffnen.

Wo: Es gibt in ganz Japan sicher über 500 Skigebiete, für mich reicht aber keines an die Region rund um Hakuba in den nördlichen Alpen heran. Allerdings nicht wegen der Resorts selbst, die sind im Vergleich zu Europa oder den USA klein und flach. Vielmehr ist es das Gelände abseits der Pisten, das durch seine Vielfalt wirklich keine Wünsche offen lässt. Ideal ist auch, dass alle fünf Skigebiete entlang eines einzigen Bergkamms liegen und so unzählige Lines zwischen den Resorts durch kurze Hikes leicht zu erreichen sind.

Was: Es ist noch gar nicht so lange her, dass ich der einzige Skifahrer abseits der Pisten war. Heute hat sich das zwar geändert, allerdings ziehen die japanischen Freerider ihre Spuren immer nur in denselben Zonen. Daher gibt es immer genug First Lines für alle, die ihre Augen aufmachen. Zur Auswahl stehen Tree Runs, bei denen die Bäume so perfekt platziert sind, dass man auch ein Auto bergab fahren könnte, kurze Pillow Lines und lange, extrem steile Big Mountain Faces. Durch die Nähe zum Meer ist der Schnee etwas feuchter und die Schneedecke dadurch besser gesetzt sowie stabiler. Trotzdem sollte man die Lawinengefahr nicht unterschätzen und jeder Line mit Respekt begegnen. Denn Lawinen sind hier zwar selten, dafür aber oft groß und verheerend, wenn es doch dazu kommt. Außerdem enden viele der Big Mountain Lines in Geländefallen oder Lawinenauslaufzonen von bis zu einem Kilometer Länge.

Die Waldgeister muss dafür niemand fürchten, die haben nichts gegen Freerider. Allerdings sind in manchen Skigebieten die Wälder Sperrzone, wobei sich das immer mehr ändert. Das Backcountry ist aber für jeden offen, man sollte sich nur bewusst sein, dass die Bergretter dort nicht unbedingt zur Hilfe kommen. Ein Guide kann die Lösung sein, wenn man selbst noch nicht so viel Erfahrung hat.

Wann: Der Winter in Japan ist kurz aber intensiv. In der Stadt Hakuba gibt es durchschnittlich elf Meter Neuschnee pro Saison und auf den Bergen noch mehr – letzten Winter wurden in den Skigebieten sogar über 18 Meter Schneefall gemessen. Stürme, die über 50 Zentimeter Neuschnee bringen, sind eher die Regel als die Ausnahme. Früher hatten die Häuser hier auch zwei Eingangstüren. Eine im Erdgeschoss für den Sommer und eine im ersten Stock, wenn im Winter der Schnee zwei Meter hoch lag. Heute gibt es dafür Schneefräsen, die 100 Tonnen pro Stunde schaffen.

Die Skisaison beginnt in der Region Tateyama mit Tourengelände zwischen 2000 und 3000 Metern schon Mitte November. In Hakuba dauert es meist bis Mitte Dezember. Dann schneit es aber bis Ende Januar fast ohne Unterbrechung und mit Neuschneemengen von bis zu 150 Zentimetern in zwei Tagen – die beste Zeit für klassisches Japan-Freeriding und Tree Runs in hüfttiefem Powder. Im Februar regnet es dann fast immer einmal bis auf Gipfelhöhe. Klar, dass darunter die Schneebedingungen leiden. Für mich ist der März die beste Zeit. Dann schneit es zwar weniger, dafür ist die Lawinensituation aber überschaubarer und die Zeit für Big Mountain Lines gekommen.

Wieviel: Japan ist nicht so teuer wie sein Ruf. Manche Skigebiete haben noch dieselben Preise wie vor 20 Jahren. Eine Beispielrechnung für sieben Tage: Unterkunft 24.500 Yen (185 Euro), Skipass 24.000 Yen (180 Euro), Essen, Bier und Extras 34.000 Yen (255 Euro), Flughafentransfer 20.000 Yen (150 Euro) – zusammen knapp über 100.000 Yen (770 Euro).

Und man kann noch mehr sparen. Ein Abendessen kostet oft nur 1.000 Yen (8 Euro), wer einen ganzen Monat bleibt, bekommt reduzierte Übernachtungspreise und teils Skipässe für nur 15.000 Yen (115 Euro).

(1 Euro = 132 Yen, Stand: August 2013)

WILDER WESTEN

mit James Heim

WAS MACHT **WHISTLER IN KANADA** SO BESONDERS, DASS JEDER ECHTE SKI BUM DORT EINE SAISON VERBRINGEN WILL?

Wo: Wirklich jeder unterschätzt die schiere Größe von Whistler. Selbst wenn ich den Rest meines Lebens hier skifahren würde, gäbe es immer noch neue Lines. Die Berge sind zwar nicht so steil und hoch wie in den Rocky Mountains oder den Alpen, dafür ist das Gelände abseits der Piste aber extrem leicht zugänglich. Mitten im Skigebiet gibt es steile Tree Runs, große Faces und unzählige Cliffs. Ideal für jeden Freerider, der noch nicht die Erfahrung hat, sich auf eigene Verantwortung ins Backcountry aufzumachen. Dazu kommt, dass Whistler Freeridern gegenüber äußerst aufgeschlossen ist. So wurden ein paar Waldstücke ausgedünnt, um sie besser befahrbar zu machen, und die Lawinenkommission kümmert sich auch um einige Hänge, die in anderen Gebieten sicher schon als Backcountry gelten würden.

Was: Der Schnee in Whistler ist feuchter als in den Alpen, die Basis wird so etwas kompakter und solider. Gut daran ist, dass Sharks selten sind. Nicht so gut ist, dass wir fast nie trockenen Champagne Powder bekommen. Das ideale Wetterszenario ist ein Sturm, der aus einer feuchten Warmfront und einer darauf folgenden Kaltfront besteht. Das ergibt eine gut gesetzte, stabile Schneedecke mit kaltem, trockenem Pulver als oberste Schicht. Während so eines Sturms bieten sich unzählige Tree Runs an und danach wartet ein absolut perfekter Tag mit Sonnenschein, an dem selbst die steilsten Hänge recht sicher sind. Dann heißt es aber, eine Stunde vor Liftöffnung da zu sein, um nicht ewig anstehen zu müssen. Sobald die Lifte laufen, ist die Jagd eröffnet. Meine Lieblingsruns sind in einem Areal, das als ‚Spanky's Ladder' bekannt ist. Zwei Minuten muss man aufsteigen, dafür wartet dann eine Spielwiese voller Cliffs, Sprünge und High-Speed-Passagen auf dich. Wenn der Massenansturm zu groß ist, verabschiede ich mich an so einem Tag nach ein paar Stunden ins Backcountry. Denn nur 45 Aufstiegsminuten vom Skigebiet entfernt gibt es steile Rinnen und große Bowls. Wer das Resort verlässt, sollte die Berge aber genau kennen. Denn es passiert ständig, dass sich Freerider im Backcountry von Whistler verirren. Die meisten verpassen eine Traverse zurück zu den Pisten und landen am Cheakamus Lake. Ich kenne einige, die dort schon eine Nacht im Wald verbringen mussten.

Die härteste Line in Whistler heißt ‚Air Jordan' und ist vom Sessellift perfekt zu überblicken: im Prinzip ein Cliff Drop, dann eine steile Landung und gleich darauf ein zweites, höheres Felsband. Im März 2013 hat Freeskier

James Heim hat sich als Freeskier auf Filmproduktionen spezialisiert. Einer seiner Grundsätze lautet dabei: „Wenn du keine Angst hattest, kommt es nicht ins Video". Außerdem kümmert sich der 31-Jährige für seinen Sponsor Head um das Rookie Team in Kanada.

Julian Carr als Erster beide Cliffs auf einmal per Superman-Frontflip genommen – geschätzte Sprunghöhe: zwischen 35 und 50 Meter.

Wann: Ich lebe seit zehn Jahren in Whistler und habe noch keine Saison mit zu wenig Schnee erlebt. Selbst in den letzten Jahren, in denen einige Gebiete in den USA wegen Schneemangels geschlossen blieben, hatten wir tolle Winter. Die Saison läuft eigentlich immer von Ende November bis Ende Mai. Wann die beste Zeit ist? Schwer zu sagen, aber mein Lieblingsmonat ist März. Dann gibt es eine solide Schneebasis und die Tage sind für größere Projekte im Backcountry schon wieder etwas länger. Außerdem ist März oft einer der schneereichsten Monate der ganzen Saison. Anfang Dezember kann auch unglaublich sein: das Gebiet fast menschenleer und manchmal ein Schneesturm nach dem anderen. In den Weihnachtsferien ist es dann mit der Ruhe vorbei und Whistler vollkommen überlaufen.

Wieviel: Es ist kein Problem, direkt vom Berg in die Bar zu gehen und um zwei Uhr morgens dann in Skistiefeln und um einige Dollar ärmer nach Hause zu wanken. Wer ein kleines Budget hat, sollte Bars und Restaurants meiden. Auch die Skipässe kosten inzwischen 100 Dollar pro Tag. Wer als Ski Bum eine Saison erleben will, muss rechtzeitig da sein. Denn zum Saisonstart sind alle billigen Wohnmöglichkeiten vergeben. Dafür ist Whistler eine wahre Fundgrube für Barjobs, bei denen du tagsüber auf den Berg kannst.

STEILE HERAUSFORDERUNG

mit Dave Rosenbarger

BIST DU BEREIT FÜR **CHAMONIX**, DAS MEKKA ALLER FREERIDER?

Wo: Von Chamonix bis zum Gipfel der Aiguille du Midi sind es fast 3000 Höhenmeter – ein Relief, das andere Skigebiete in den Schatten stellt. Dasselbe gilt für das Gelände: sanfte Gletscherabfahrten, große offene Bowls, etliche superenge und haarsträubend steile Couloirs und das alles beinahe mit direktem Seilbahnanschluss. Allerdings würde ich Chamonix nicht als Paradies für Freerider bezeichnen, sondern für Ski-Mountaineering. Der Unterschied? Nach meiner Definition suchen Freerider eher nach schnellen Lines mit Cliffs und Sprüngen. Beim Ski-Mountaineering geht es dagegen um steile, technisch schwierige Lines, die auch mal Abseilstellen beinhalten. Überhaupt muss sich jeder, der in Chamonix die Pisten verlässt, bewusst sein, auf eigene Verantwortung unterwegs zu sein. Da gibt es Gletscherspalten, abbrechende Eis-Seracs, Lawinen, Absturzgelände und, und, und. Nicht umsonst lautet ein Lieblingsspruch unter Locals: „Chamonix versucht ständig, dich umzubringen."

Was: Fast das gesamte gute Skigelände liegt oberhalb der Baumgrenze, daher kann es bei Schneefall schwer sein, gute Lines zu finden. Die wenigen Tree Runs sind eng, steil und enden immer in schmalen Gräben, die gleichzeitig perfekte Lawinenbahnen darstellen. An einem klassischen Powdertag mit Sonnenschein tauche ich um 8.30 Uhr an der Bahn von Grands Montets auf, warte die Lawinensprengungen ab und drehe dann dort meine Runden, bis die Beine aufgeben oder alles zerfahren ist. Vor allem von der Gipfelstation Bochard gibt es eine Highspeed-Line neben der anderen. Wenn dann gute Bedingungen für die Steilwandrouten auf der Nordseite der Aiguille du Midi herrschen, kann man die Spannung in der Seilbahn förmlich spüren. Wer hier abfahren will, muss nicht nur ein guter Skifahrer sein und gewisse Kletterfähigkeiten mitbringen, sondern auch im Kopf stark sein. Denn hier darfst du dir eigentlich keinen Sturz leisten. Abseilen sollte auch Routine sein, denn wenn irgendetwas auf der Abfahrt schiefläuft, endet die Tour als Kletterpartie. Mein Lieblingsrun ist das Cosmique Couloir – für mich eine der besten Lines mit Liftanschluss weltweit. Wer flacheres Terrain vorzieht, findet auf der anderen Seite der Aiguille du Midi die Route Vallée Blanche, die über Gletschergelände mit nur 30 Grad Gefälle ins Tal führt.

Eine Weisheit in Chamonix lautet: „Oft machst du an einem Tag den besten und den schlechtesten Turn deines Lebens." Denn viele Routen sind so lang, dass sich der Schnee vom Start bis zum Ziel mehrmals komplett ändert. Da können auf 3000 Höhenmetern knietiefer Powder, harter Altschnee, Slush, ein bisschen Bruchharsch und gesetzter Tiefschnee auf dich warten. Außerdem in Chamonix niemals einfach einer Spur folgen. Hier könnte es auch ein Speed-Flyer gewesen sein, dessen Line an einer 100-Meter-Felswand endet.

Wann: In Chamonix scheint entweder die Sonne oder es schneit. Und wenn es schneit, dann viel. Den meisten Niederschlag bringen Stürme, die direkt vom Atlantik aus dem Westen kommen. Fast entscheidender als der Neuschnee ist aber der Wind, da das meiste Gelände oberhalb der Baumgrenze liegt. Je weniger Wind den Schneefall begleitet, desto besser.
Die Saison geht von Dezember bis Ende Mai. Dabei sind Dezember und Januar die besten Monate für Powderruns und April sowie Mai für Steilwandprojekte. Februar bringt dagegen Hochdruck mit wenig Schneefall und den Massenansturm der Ferien. In manchen Jahren ist die Nordseite der Aiguille du Midi auch gar nicht befahrbar. Ich selbst musste acht Jahre auf meinen ersten Run dort warten. Die ersten vier, weil ich noch nicht bereit dafür war und dann nochmal vier, bis die Bedingungen gut waren.

Dave Rosenbarger
kam 2001 nach Chamonix, als dem Amerikaner die Berge in den Staaten zu flach wurden. Seitdem ist Dave süchtig nach dem steilen Gelände unter dem Mont Blanc. Trotzdem hatte er nebenbei noch Zeit für verschiedene Erstbefahrungen auf vier Kontinenten und war gemeinsam mit Seth Morrison für ‚The Ordinary Skier' unterwegs.

Wieviel: Chamonix unterscheidet sich preislich nicht von anderen großen Resorts in den Alpen – ist also nicht gerade preiswert.

CAMPINGSCHULE

mit Stefan Häusl

WIE **VIEL KOMFORT** BIETEN ZELT UND SCHLAFSACK BEI MINUSGRADEN UND SCHNEEFALL? GENUG!

Im April 2012 brachen die beiden Freeride-Profis Stefan Häusl und Björn Heregger zum 2.881 Meter hohen Augstenberg auf. Zu sehen ist diese steile, anspruchsvolle Nordflanke zwar direkt vom Skigebiet St. Anton, zu erreichen allerdings nur schwer. Der Zustieg dauert so lange, dass 1-Tages-Touren kaum möglich sind. Die einzige Lösung: Wintercamping im Kessel unter der steilen Gipfelwand und das eine Woche lang. Der Wetterbericht versprach Sonne und zweimal Neuschnee bis zu 30 Zentimeter. Perfekte Bedingungen, um seine Wintercamping-Grenzen auszutesten...

DAS LAGER:

Auf keinen Fall komplett im Schatten zelten, sondern an einer Stelle, die am Nachmittag noch Sonne hat. Denn wenn du um vier Uhr vom Skifahren kommst, bist du für jeden Sonnenstrahl dankbar.

Den Zeltplatz perfekt vorzubereiten, ist allerdings genauso wichtig. Denn später das Zelt nochmals umzusetzen, falls irgendetwas gar nicht passt, ist ein Riesenaufwand. Daher sollte man sich wirklich Zeit nehmen, eine Grube für den ganzen Lagerplatz auszuschaufeln, die Fläche so eben wie möglich zu machen und dann den Boden mit den Skiern richtig hart festzutreten. Schließlich noch eine Schneemauer als Windschutz aufschaufeln und fertig.

DIE AUSRÜSTUNG:

Wir hatten 35 Kilo pro Person in den Rucksäcken. Zum Glück sind wir das größte Stück von einem Paraglider geflogen worden und mussten nur noch eine Stunde aufsteigen – allerdings recht steil. Deshalb haben wir das Gepäck geteilt, die Hälfte deponiert, sind aufgestiegen, wieder runter und haben den Rest geholt.

Unersätzlich:

- Ein Winterzelt mit wasserfestem Boden.
- Dicke Matten als Isolation gegen die Kälte.
- Schlafsäcke bis minus 30 Grad.
- Kocher und ausreichend Gas (zwei Campingkartuschen pro Tag), da man ständig Schnee schmilzt, um Wasser zu haben.
- Instantnudeln und -suppen: Die wiegen fast nichts und gehen auch zum Frühstück.

Luxus:

- Schokolade, Nüsse, Nutella, Speck... – soviel man tragen will.
- Zeitung für Schlechtwettertage – Bücher sind einfach zu schwer.

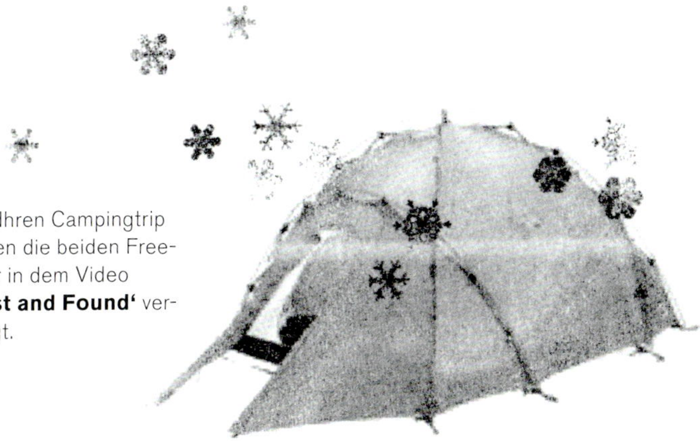

PS: Ihren Campingtrip haben die beiden Freerider in dem Video **‚Lost and Found'** verewigt.

DER ALLTAG:

Nachts hat es minus 15 Grad und morgens beginnt der Tag mit Reif im Zelt. Dann aufstehen, rein in die Skistiefel, Schnee schmelzen, Tee und Suppe kochen. Deine kalten Zehen begleiten dich noch sicher eine Stunde, bis sie langsam warm werden. Wenn man dann um vier Uhr vom Skifahren kommt, sollte man alle nassen Sachen in die Sonne hängen, damit sie wenigstens ein bisschen trocknen, schließlich muss man die Sachen am nächsten Tag wieder anziehen. Von Vorteil ist eine Garnitur trockener Layer, auf die du dich jeden Tag nach dem Skifahren freust. Insgesamt hatte ich nur zwei Paar Socken dabei: eines für den Aufstieg und zum Skifahren und ein trockenes für die Abende. Beim Schlafen nicht zu viel anlassen, auch wenn es am Anfang kalt ist. Zwei Layer, lange Unterhose und Skisocken reichen völlig. Nur oben den Schlafsack gut zumachen, die eigene Körperwärme sorgt dann für eine angenehme Temperatur. Außerdem kommen die Innenschuhe der Skistiefel mit in den Schlafsack. Genauso Handy und alle Kameraakkus, die sich sonst durch die Kälte vollkommen entladen. Auf rasieren und duschen muss man verzichten, oben am Berg ist Zähneputzen die einzige Hygiene.

DIE FEINDE...

...heißen Nässe und Kälte. Da frieren die unmöglichsten Dinge ein – hartgekochte Eier zum Beispiel. Einmal haben wir den Fehler gemacht, die Schalen der Skischuhe vor dem Zelt zu lassen. Am nächsten Morgen waren sie so hart, dass wir uns gegenseitig helfen mussten, um überhaupt reinzukommen. Daher immer mit ins Zelt nehmen! Sobald die Sonne verschwindet, spürt man förmlich, wie die Temperatur fällt. Eine Daunenjacke hilft da Wunder und hat zudem kaum Gewicht.

Was einmal richtig nass ist, wird nicht wieder trocken. Auch Skischuhe und Klamotten bleiben immer feucht. Gut ist ein Paar Ersatzhandschuhe und ganz wichtig eine Ersatzbrille. Denn wenn die Goggle einmal beschlagen und vereist ist, wirst du sie nie wieder trocken bekommen.

ANFAHRHILFE

SELBST DIE BESTEN **WINTERREIFEN** BRINGEN BEI SCHNEE NUR 30 PROZENT DER KRAFT AUF DIE STRASSE, WIE WIR ES VOM SOMMER GEWOHNT SIND. KEIN WUNDER, DASS SCHNEE ZUM ZERMÜRBENDEN GEGNER WERDEN KANN.

ANTRIEBSFRAGE:

Interessanterweise haben Autos mit Vorder- oder Hinterradantrieb ihre Stärken in unterschiedlichen Situationen. Auf flacher aber eisglatter Straße kommt ein Auto mit Vorderradantrieb besser ins Rollen. Das Gewicht des Motors drückt auf die Antriebsräder und gibt ihnen so mehr Grip. Beim Hinterradantrieb lastet kaum Gewicht auf den Reifen, was sie schnell durchdrehen lässt. Ein paar zusätzliche Passagiere auf dem Kofferraum können da helfen. Geht es bergauf, dreht sich der Vorteil um. Dann lastet fast das ganze Gewicht auf der Hinterachse und Antriebsräder auf der Vorderachse neigen zum Durchdrehen. Hier sind dann Passagiere auf der Motorhaube gefragt oder kurze Strecken im Rückwärtsgang zu bewältigen. Allradantrieb schlägt sich übrigens in allen Situationen besser.

ANFAHREN:

Immer in Bewegung zu bleiben ist die beste Lösung, um durchdrehende Reifen zu vermeiden. Vor allem Steigungen sind mit Schwung besser zu nehmen, als aus dem Stand. Leider ist es in der Realität recht schwer, vollkommen auf Bremsen und Anfahren zu verzichten. Drehen die Reifen dann auf Schnee oder Eis durch, ist Feingefühl auf dem Gaspedal gefragt. „Nur so viel Druck ausüben, als würdest du auf der Stirn eines Neugeborenen die Temperatur fühlen", lautet ein Leitsatz unter Fahrtrainern. Außerdem hilft es, im zweiten Gang mit schleifender Kupplung anzufahren. Ansonsten zum traditionellen Wundermittel gegen Eisglätte greifen: Schneeketten.

AUSGRABEN:

Ist der Wagen einmal im tiefen Schnee festgefahren, sind durchdrehende Reifen das reinste Gift. So schaufelt man nur sein eigenes Grab und versinkt immer tiefer im Schnee. Auch der Auspuff kann zum Problem werden, wenn er unter dem Schnee ist. Dann stirbt am Ende der Motor ab oder Gase gelangen ins Fahrzeuginnere. Ansonsten Räder geradestellen und das Auto „freischaukeln": Also recht schnell zwischen Vorwärts- und Rückwärtsgang wechseln, um so immer ein bisschen mehr Schwung aufzunehmen und das Auto aufzuschaukeln. Dabei geht es aber nicht um hohe Drehzahlen, sondern darum, das Auto mit fein dosiertem Gas in Bewegung zu halten. Reicht der Schwung dann aus, um aus der Schneekuhle zu rollen, bloß nicht gleich bremsen, sonst geht das Spiel wieder von vorne los. Entweder weiterfahren, bis der Untergrund wieder autofreundlicher ist oder, falls sich das Auto im Rückwärtsgang freischaukelt, noch einige Meter zurückrollen. Normalerweise sollten die Reifenspuren ausreichen, um im Vorwärtsgang beschleunigen zu können.

Bei einem Fahrzeug mit Vorderradantrieb kann man auch versuchen, während des Anfahrens das Lenkrad nach links oder rechts einzuschlagen. Mit etwas Glück bekommen die Reifen so mehr Grip.

HILFSMITTEL:

Sobald die Reifen durchdrehen, fräsen sie eine Kuhle in den Schnee. Folglich muss das Auto dann beim Anfahren eine Steigung überwinden und das kann der Grund sein, warum du nicht mehr von der Stelle kommst. Daher die Reifen freischaufeln – eine Lawinenschaufel wird sich wahrscheinlich sowieso im Auto befinden. Außerdem brauchen die Reifen mehr Grip, wenn sie durchdrehen. Sand oder Kies vor die Antriebsräder zu streuen wäre ideal. Genauso funktionieren aber auch die Fußmatten aus dem Auto. Eine weitere Möglichkeit für mehr Grip wäre noch etwas Luft aus den Reifen zu lassen, dabei aber nicht übertreiben.

Das elektronische Stabilitätsprogramm ESP ist heute in etlichen Wagen vorhanden und verhindert durch gezieltes Abbremsen einzelner Räder das Ausbrechen des Autos. Das funktioniert auf Eis und Schnee genauso wie im Sommer, außer in drei Situationen: Wenn es auf glatter Straße steil bergauf geht, kann es besser sein, das ESP auszuschalten. Denn bei einigen Modellen drosselt die Elektronik aus Sicherheitsgründen die Leistung, sobald die Räder nur ein klein wenig durchdrehen. Als Folge wird das Auto immer langsamer und bleibt schließlich stehen, statt den Hang mit Schwung zu nehmen. Genauso kann das ESP hinderlich sein, wenn der Wagen im Schnee festgefahren ist. Außerdem vertragen sich ESP und Schneeketten manchmal recht schlecht.

SPIELVERDERBER

IN DER FERNE ERWARTEN DICH NICHT NUR GROSSE ABENTEUER, STEILE LINES UND FRISCHER POWDER, SONDERN AUCH EIN PAAR **ÜBERRASCHUNGEN**, DIE DIR GANZ SCHÖN DEN SPASS VERDERBEN KÖNNEN.

BETONPULVER:

Mit etwas Glück findest du in Neuseeland vielleicht die besten Powder Runs, die die Südhalbkugel zu bieten hat. Wenn du allerdings Pech hast, wirst du dort Opfer eines der fiesesten Scherze, den sich die Natur in Bezug auf Neuschnee je ausgedacht hat. Und das geht so: Neuseeland bekommt die größten Neuschneemengen, wenn eine Front aus der Polarregion auf die Berge trifft. Dann öffnet der Himmel seine Schleusen, während die Temperaturen in den Keller fallen, und traumhaft lockerer Pulver landet als Ergebnis in enormen Mengen auf den Berghängen. Zwei oder drei Tage später verspricht der Wetterbericht schließlich Sonnenschein, und du denkst, dass zwischen dir und einem Blue Bird-Morgen in hüfttiefem Powder nur noch eine kurze Nacht liegt. Am nächsten Tag strahlen die Bergspitzen leuchtendweiß, doch anstatt in den Schnee einzutauchen, kratzen deine Kanten nur auf einer kompakten, steinhart gefrorenen Oberfläche, dem berüchtigten New Zealand Frozen Powder. Was war geschehen? Als die Schlechtwetterfront weiterzog, strömten an ihrer Rückseite kurzzeitig warme Luftmassen an die Berge, bevor ein Hochdruckgebiet mit schönem Wetter und kalten Temperaturen folgte. So wurde der Neuschnee einmal kurz aufgetaut und gleich wieder schockgefroren. Das Ergebnis macht so viel Spaß wie eine bockharte Kunstschneepiste und sieht wie zum Hohn frischem Powder zum Verwechseln ähnlich.

MASSENANDRANG:

„Wer in den USA First Tracks ziehen will, muss schnell sein", weiß der ehemalige Freeride-Pro Eric Themel aus Österreich, der während seiner Karriere fast jede Saison ein paar Wochen in den Staaten verbrachte. „Dort ist der Run auf den Tiefschnee noch viel größer als hier in den Alpen. Eine halbe Stunde nach Liftöffnung findest du da keinen Hang mehr ohne Spuren, und nach zwei Stunden ist alles eine Buckelpiste. So geht es hier nicht einmal am Arlberg zu."

STEILWAND-VERFOLGER:

Chamonix ist das Mekka für alle, denen es beim Freeriden nicht steil und schwierig genug sein kann. Lange Zeit galten bange Blicke dort ausschließlich dem Abgrund vor sich, heute leider immer öfter auch den Verfolgern im Nacken. Denn in den bis zu 50 Grad steilen Rinnen rund um die Aiguille du Midi oder Grand Montets ist es voll geworden. „Früher ließen alle nach einem Schneefall erstmal ein paar Tage vergehen, bevor sie die klassischen Routen in Angriff nahmen", erzählt Freeski-Pro Dave Rosenbarger, der schon vor so vielen Jahren aus den USA nach Frankreich kam, dass er in Chamonix inzwischen als Local gilt. „Heute schneit es und schon am nächsten Morgen kämpfen 40 und mehr Rider um die First Tracks." Das Problem: In den schmalen Couloirs befinden sich nun oft mehrere Crews übereinander. Was das bedeuten kann, erlebte Rosenbarger vor einiger Zeit am eigenen Leib im berüchtigten Mallory Couloir. „Wir hatten etwa die Hälfte hinter uns, als wir das ‚Grollen' hörten. Eine zweite Crew war nach uns in das Couloir eingefahren und hatte eine Menge Sluff losgetreten. So sahen wir uns plötzlich mit einer zwei Meter hohen Schneewolke konfrontiert, die auf uns herunterdonnerte. Man bräuchte dort eigentlich einen Verkehrspolizisten, der sagt, wann die Rinne für den nächsten Rider frei ist."

FLUGVERBOTS-BLUES:

Beim Heli-Skiing in Alaska sind Lines möglich, an die du in den Alpen nicht einmal denken darfst. Doch wehe, wenn die Helis nicht vom Boden kommen. Die Neuschneemengen summieren sich in Valdez pro Jahr auf circa 20 Meter. Klar, dass dazu eine Menge schlechtes Wetter nötig ist. „Zwei Wochen Schneefall am Stück sind dort keine Seltenheit", weiß Snowboard-Pionier Peter Bauer, der schon so viele Alaska-Trips hinter sich hat, dass er aufgehört hat, sie zu zählen. „Ich würde schätzen, dass man durchschnittlich nur mit einem schönen Tag pro Woche rechnen kann. Ich selbst saß aber auch schon drei Wochen im Hotel, ohne auch nur einmal zu fliegen. Da bin ich fast durchgedreht und habe mir geschworen, nie wieder nach Alaska zu gehen. Im nächsten Jahr war ich trotzdem wieder dort."

TIME TO GET SERIOUS.
HEAD PROTECTION.
WWW.HEAD.COM/PROTECTION
James Heim, shot by Blake Jorgenson.